Dr. Oetker

KÄSEKUCHEN

VON A–Z

Von Amarettini-Pflaumen-Torte bis
Zitronen-Klecksel-Kuchen

Dr. Oetker

KÄSEKUCHEN

VON A–Z

Von Amarettini-Pflaumen-Torte bis
Zitronen-Klecksel-Kuchen

Dr. Oetker Verlag

Abkürzungen und Hinweise

Abkürzungen

EL	=	Esslöffel
TL	=	Teelöffel
Msp.	=	Messerspitze
Pck.	=	Packung/Päckchen
g	=	Gramm
kg	=	Kilogramm
ml	=	Milliliter
l	=	Liter
evtl.	=	eventuell
Fl.	=	Fläschchen
geh.	=	gehäuft
gestr.	=	gestrichen
TK	=	Tiefkühlprodukt
°C	=	Grad Celsius

Kalorien-/Nährwertangaben

E	=	Eiweiß
F	=	Fett
Kh	=	Kohlenhydrate
kJ	=	Kilojoule
kcal	=	Kilokalorien

Hinweise zu den Rezepten

Lesen Sie vor der Zubereitung – besser noch vor dem Einkauf – das Rezept einmal vollständig durch. So werden Arbeitsabläufe oder -zusammenhänge verständlicher.

Zutatenliste

Die Zutaten sind in der Reihenfolge ihrer Bearbeitung angegeben.

Arbeitsschritte

Die Arbeitsschritte sind einzeln hervorgehoben, in der Reihenfolge, in der sie von uns ausprobiert wurden.

Backofeneinstellung

Die in den Rezepten angegebenen Backtemperaturen und -zeiten sind Werte, die je nach individueller Hitzeleistung Ihres Backofens über- oder unterschritten werden können. Die Temperaturangaben beziehen sich auf Elektrobacköfen. Beachten Sie bitte bei der Einstellung des Backofens die Gebrauchsanleitung des Herstellers. Die Temperatur-Einstellmöglichkeiten für Gasbacköfen variieren je nach Hersteller sehr stark, sodass wir keine allgemeingültigen Angaben machen können.

Einschubhöhe

Hohe und halbhohe Formen werden im Allgemeinen auf dem Rost auf die untere Einschubleiste geschoben, flache Formen auf die mittlere Einschubleiste. Blechkuchen, Kleingebäck, Stollen, Windbeutel und Eiweißgebäck gelingen am besten in der Mitte des Backofens. Abweichungen sind möglich und von der Ausführung Ihres Backofens abhängig. Beachten Sie daher auch die Angaben Ihres Herstellers.

Zubereitungs- und Backzeiten

Die Zubereitungszeit ist ein Anhaltswert für die Zeit der Vorbereitung und die eigentliche Zubereitung. Sie variiert je nach Geschick und Übung. Die Backzeiten sind, in der Regel, gesondert ausgewiesen.
Bei einigen Rezepten setzt sich die Gesamtbackzeit aus mehreren Teilbackzeiten zusammen. Längere Wartezeiten, z. B. Kühl- und Auftauzeiten, sind nicht miteinbezogen.

Nur frische Eier verwenden

Bei der Zubereitung von Torten und Kuchenfüllungen mit frischen Eiern, die später nicht gebacken werden, nur Eier verwenden, die nicht älter als 5 Tage sind (Legedatum beachten!). Ei bzw. Eier in eine Rühr- oder Edelstahlschüssel geben und im heißen Wasserbad mit Handrührgerät mit Rührbesen bei mittlerer Hitze aufschlagen, bis eine Temperatur von etwa 70 °C entsteht. Die Torten und Kuchen im Kühlschrank aufbewahren und innerhalb von 24 Stunden verzehren.

Vorwort

Im Café um die Ecke, beim Bäcker schnell einmal zwischendurch und am besten natürlich selbst gemacht: Käsekuchen ist und bleibt die beliebteste Versuchung bei Jung und Alt.

Luftig-locker und so richtig saftig gelingt er mit Quark. Cremig und kompakt – typisch amerikanisch – wird er mit Frischkäse, saurer Sahne oder Crème fraîche.

Ob nun der deutsche Klassiker oder der amerikanische Cheesecake, ob mit Obst oder Schokolade, ob aus der Form oder vom Blech, ob als Minikuchen oder Striezel, ob gebacken oder aus dem Kühlschrank: Lassen Sie sich von unseren fantasievollen Käsekuchen- und Cheesecake-Kreationen verführen und begeistern Sie Ihre Gäste.

Bei der Fülle unserer Rezepte findet garantiert jeder seinen Favoriten.

Alle Rezepte wurden von uns nachgebacken und gelingen auch Ungeübten garantiert.

Amarettini-Pflaumen-Torte

Fruchtig – ohne zu backen

Insgesamt:
E: 66 g, F: 269 g, Kh: 407 g, kJ: 18341, kcal: 4377

Für den Boden:

50 g Amarettini (ital. Mandelmakronen)
100 g Löffelbiskuits
125 g Butter

Für die Joghurt-Frischkäse-Creme:

5 Blatt weiße Gelatine
300 g Vanillejoghurt
200 g Doppelrahm-Frischkäse
Saft von 1 Zitrone
50 g Zucker
1 Pck. Dr. Oetker Bourbon-Vanille-Zucker
250 g Schlagsahne

Für den Belag:

750 g Eierpflaumen
2 Pck. ungezuckerter Tortenguss, klar
250 ml (1/4 l) Apfelsaft
250 ml (1/4 l) Wasser
30 g Zucker

Zum Bestreuen:

25 g Amarettini (ital. Mandelmakronen)

Zubereitungszeit: 50 Minuten, ohne Kühlzeit

1. Für den Boden beide Kekssorten in einen Gefrierbeutel geben. Den Beutel fest verschließen. Kekse mit einer Teigrolle fein zerbröseln und in eine Rührschüssel geben. Die Butter zerlassen, zu den Bröseln geben und gut verrühren. Die Bröselmasse in einer Springform (Ø 26 cm, Boden gefettet, mit Backpapier belegt) verteilen. Mit einem Löffel fest andrücken. Den Boden kurz in den Kühlschrank stellen.

2. Für die Joghurt-Frischkäse-Creme die Gelatine in kaltem Wasser nach Packungsanleitung einweichen. Den Joghurt mit Frischkäse, Zitronensaft, Zucker und Vanille-Zucker in einer Schüssel verrühren. Gelatine leicht ausdrücken und dann in einem kleinen Topf bei schwacher Hitze unter Rühren auflösen.

3. Die aufgelöste Gelatine zuerst mit etwa 4 Esslöffeln von der Joghurt-Frischkäse-Masse verrühren, dann unter die restliche Masse rühren.

4. Die Sahne steif schlagen. Sobald die Masse anfängt dicklich zu werden, Sahne unterheben. Joghurt-Frischkäse-Creme auf den Boden in die Springform geben, glatt streichen. Die Torte etwa 2 Stunden in den Kühlschrank stellen.

5. Für den Belag Pflaumen waschen, abtrocknen, entsteinen und vierteln. Die Pflaumen kuppelförmig auf der Tortenoberfläche verteilen. Aus Tortengusspulver, Apfelsaft, Wasser und Zucker einen Tortenguss nach Packungsanleitung (aber mit den hier angegebenen Zutaten) zubereiten. Den Guss auf den Pflaumen verteilen.

6. Zum Bestreuen die Kekse leicht zerbröseln und auf den Guss streuen. Guss fest werden lassen.

7. Die Torte vorsichtig aus der Form lösen und auf eine Tortenplatte setzen.

Tipps: Die Torte schmeckt frisch am besten. Soll die Joghurt-Frischkäse-Creme noch fruchtiger werden, so können Sie 150 g Eierpflaumen pürieren und unter die Creme rühren. Dann benötigt man allerdings statt 5 Blatt 8 Blatt weiße Gelatine.

Amerikanische Käsetorte

Fettarm

Insgesamt:
E: 126 g, F: 190 g, Kh: 278 g, kJ: 13967, kcal: 3348

Für den Boden:

125 g Löffelbiskuits
60 g Butter oder Margarine

Für den Belag:

5 Eiweiß (Größe M)
250 g Magerquark
400 g Frischkäse mit Joghurt
5 Eigelb (Größe M)
300 g saure Sahne
2 EL Speisestärke
125 g Zucker
3 EL Zitronensaft
1 Pck. Dr. Oetker Finesse Geriebene Zitronenschale

Zubereitungszeit: 40 Minuten
Backzeit: etwa 70 Minuten

1. Den Backofen vorheizen.
Ober-/Unterhitze: etwa 160 °C
Heißluft: etwa 140 °C

2. Für den Boden Löffelbiskuits in einen Gefrierbeutel geben. Den Beutel fest verschließen. Biskuits mit einer Teigrolle fein zerbröseln und in eine Schüssel geben. Die Butter oder Margarine zerlassen, zu den Bröseln geben und gut verrühren. Die Bröselmasse in einer Springform (Ø 26 cm, Boden gefettet, mit Backpapier belegt) verteilen. Mit einem Löffel fest andrücken.

3. Für den Belag das Eiweiß in einer Rührschüssel mit Handrührgerät mit Rührbesen auf höchster Stufe steif schlagen. Der Schnee muss so fest sein, dass ein Messerschnitt sichtbar bleibt. In einer anderen Schüssel Quark, Frischkäse, Eigelb, saure Sahne, Speisestärke, Zucker, Zitronensaft und -schale gut verrühren. Eischnee vorsichtig unterheben.

4. Die Quarkmasse auf den Biskuitbröselboden geben und glatt streichen. Die Form auf dem Rost in den vorgeheizten Backofen schieben. Die Käsetorte **etwa 70 Minuten backen.**

5. Die Form auf einen Kuchenrost stellen. Die Käsetorte etwas abkühlen lassen. Anschließend vorsichtig aus der Form lösen und auf eine Tortenplatte setzen. Die Käsetorte erkalten lassen.

Ananas-Ingwer-Cheesecake

Exotisch

Insgesamt:
E: 131 g, F: 276 g, Kh: 467 g, kJ: 20518, kcal: 4903

Zum Vorbereiten:
340 g Ananasscheiben aus der Dose

Für den Knetteig:
220 g Weizenmehl
150 g Butter oder Margarine
80 g brauner Zucker
1 Prise Salz

Für die Füllung:
20 g Ingwer
200 ml Ananassaft aus der Dose
2 gestr. TL Speisestärke
3 Eier (Größe M)
100 g Zucker
300 g Magerquark
400 g Doppelrahm-Frischkäse

Zubereitungszeit: 50 Minuten, ohne Kühlzeit
Backzeit: etwa 50 Minuten

1. Zum Vorbereiten Ananasscheiben in einem Sieb gut abtropfen lassen. Den Saft dabei auffangen und evtl. mit Wasser auf 200 ml ergänzen. Saft beiseitestellen.

2. Für den Teig Mehl in eine Rührschüssel geben. Restliche Zutaten hinzufügen und mit Handrührgerät mit Knethaken zunächst kurz auf niedrigster, dann auf höchster Stufe gut durcharbeiten. Anschließend den Teig auf der leicht bemehlten Arbeitsfläche kurz verkneten. Den Teig in Frischhaltefolie gewickelt etwa 1 Stunde in den Kühlschrank legen.

3. Den Backofen vorheizen.
Ober-/Unterhitze: etwa 190 °C
Heißluft: etwa 170 °C

4. Drei Viertel des Teiges auf dem Boden einer Springform (Ø 26 cm, gefettet) ausrollen. Den Springformrand darumstellen. Die Form auf dem Rost in den vorgeheizten Backofen schieben. Den Boden **etwa 10 Minuten zartbraun vorbacken.**

5. Die Form auf einen Kuchenrost stellen. Den Boden etwas abkühlen lassen.

6. Den Rest des Teiges zu einer Rolle formen, auf den vorgebackenen Boden legen und so an die Form drücken, dass ein etwa 4 cm hoher Rand entsteht. 7 Ananasscheiben auf dem Teigboden verteilen.

7. Für die Füllung den Ingwer schälen und fein reiben. Von dem beiseitegestellten Ananassaft 2 Esslöffel mit der Speisestärke glatt rühren.

8. Restlichen Ananassaft mit dem Ingwer zum Kochen bringen.

9. Angerührte Speisestärke hinzufügen, nochmals kurz aufkochen lassen und von der Kochstelle nehmen.

10. Sechs Esslöffel von dem Ingwer-Ananassaft zum Garnieren beiseitestellen.

11. Eier und Zucker mit Handrührgerät mit Rührbesen auf mittlerer Stufe schaumig schlagen. Den Quark hinzugeben und kurz unterrühren. Frischkäse mit dem lauwarmen Ingwer-Ananassaft glatt rühren und mit einem Schneebesen unter die Quarkmasse ziehen.

12. Die Frischkäse-Quark-Masse in die Springform füllen und glatt streichen. Die Form wieder in den vorgeheizten Backofen schieben und **bei gleicher Backofeneinstellung in etwa 40 Minuten fertig backen.**

13. Die Form auf einen Kuchenrost stellen. Den Cheesecake in der Form vollständig auskühlen lassen. Anschließend vorsichtig aus der Form lösen und mindestens 4 Stunden in den Kühlschrank stellen.

14. Die restlichen Ananasscheiben in Stücke schneiden. Den Cheesecake mit den Ananasstücken und dem beiseitegestellten Ingwer-Ananassaft garnieren.

Tipp: Den Ananas-Ingwer-Cheesecake nach Belieben mit einigen Minzeblättchen garnieren.

Apfel-Käsekuchen

Fruchtig

Insgesamt:
E: 132 g, F: 254 g, Kh: 500 g, kJ: 20668, kcal: 4940

Für den Knetteig:

200 g Weizenmehl
1 Msp. Dr. Oetker Backin
80 g Zucker
1 Pck. Dr. Oetker Vanillin-Zucker
1 Prise Salz
1 Ei (Größe M)
120 g Butter oder Margarine

Für den Belag:

2 kleine Äpfel (etwa 250 g)
etwas Zitronensaft

Für die Füllung:

200 g Apfelkompott aus dem Glas
1 Msp. gemahlener Zimt
4 Eigelb (Größe M)
750 g Speisequark
40 g Speisestärke
120 g Zucker
1 Pck. Dr. Oetker Finesse Geriebene Zitronenschale
4 Eiweiß (Größe M)
1 Prise Salz
1 Pck. Dr. Oetker Vanillin-Zucker
30 g Zucker
1 Msp. gemahlener Zimt
40 g Butter

Zubereitungszeit: 50 Minuten, ohne Abkühlzeit
Backzeit: etwa 75 Minuten

1. Den Backofen vorheizen.
Ober-/Unterhitze: etwa 200 °C
Heißluft: etwa 180 °C

2. Für den Teig Mehl mit Backpulver in einer Rührschüssel mischen. Restliche Zutaten hinzufügen und mit Handrührgerät mit Knethaken kurz auf niedrigster, dann auf höchster Stufe gut durcharbeiten. Danach den Teig auf der leicht bemehlten Arbeitsfläche kurz verkneten. Sollte er kleben, ihn in Folie gewickelt eine Zeit lang in den Kühlschank legen.

3. Die Hälfte des Teiges auf dem Boden einer Springform (Ø 26 cm, gefettet) ausrollen. Teigboden mehrmals mit einer Gabel einstechen. Den Springformboden (ohne Springformrand) auf dem Rost in den vorgeheizten Backofen schieben. Den Boden **etwa 10 Minuten vorbacken.**

4. Den Springformboden auf einen Kuchenrost legen. Die **Backofentemperatur um etwa 20 °C herunterschalten.** Den Gebäckboden etwas abkühlen lassen. Dann den Springformrand darumstellen.

5. Für den Belag die Äpfel schälen, vierteln und entkernen. Apfelviertel in dünne Spalten schneiden. Mit Zitronensaft beträufeln.

6. Für die Füllung Kompott mit Zimt verrühren. Eigelb mit Quark, Speisestärke, Zucker und Zitronenschale verrühren. Dann das Eiweiß mit Salz mit Handrührgerät mit Rührbesen auf höchster Stufe steif schlagen. Der Schnee muss so fest sein, dass ein Messerschnitt sichtbar bleibt. Nach und nach Vanillin-Zucker kurz unterschlagen. Eischnee in 2 Portionen unter die Quarkmasse heben.

7. Restlichen Teig zu einer langen Rolle formen, auf den vorgebackenen Boden legen und so an die Form drücken, dass ein etwa 3 cm hoher Rand entsteht.

8. Kompott auf dem Teigboden glatt streichen. Die Quarkmasse darauf verteilen. Zucker und Zimt mischen. Die Apfelspalten dachziegelartig auf die Quarkmasse legen, mit Zimtzucker bestreuen. Butter in Flöckchen darauf verteilen.

9. Die Form wieder auf dem Rost in den vorgeheizten Backofen schieben und den Kuchen **in etwa 65 Minuten fertig backen.**

10. Die Form auf einen Kuchenrost stellen und den Kuchen erkalten lassen.

11. Apfel-Käse-Kuchen aus der Form lösen und auf eine Tortenplatte setzen.

Apfelkuchen mit Mascarpone

Preiswert

Insgesamt:
E: 88 g, F: 173 g, Kh: 499 g, kJ: 16617, kcal: 3973

Für den Hefeteig:

50 g Butter oder Margarine
375 g Weizenmehl
1 Pck. Dr. Oetker Trockenbackhefe
1 Prise Salz
50 g Zucker
200 ml lauwarme Milch

Für den Belag:

1,2 kg kleine Äpfel
6 EL Zitronensaft
200 g Mascarpone (ital. Frischkäse)
4 Eier (Größe M)
30 g Zucker
1 Pck. Dr. Oetker Vanillin-Zucker

Zubereitungszeit: 50 Minuten, ohne Teiggehzeit
Backzeit: 30–35 Minuten

1. Für den Teig Butter oder Margarine zerlassen und abkühlen lassen. Mehl in eine Rührschüssel geben und mit Trockenbackhefe sorgfältig vermischen. Salz, Zucker, Milch und Butter oder Margarine hinzufügen. Die Zutaten mit Handrührgerät mit Knethaken zunächst kurz auf niedrigster, dann auf höchster Stufe in etwa 5 Minuten zu einem glatten Teig verarbeiten. Den Teig zugedeckt so lange an einem warmen Ort gehen lassen, bis er sich sichtbar vergrößert hat.

2. Den Teig leicht mit Mehl bestäuben und auf der leicht bemehlten Arbeitsfläche nochmals kurz durchkneten. Auf einem Backblech (30 x 40 cm, gefettet) ausrollen. Den Backofen vorheizen.
Ober-/Unterhitze: etwa 200 °C
Heißluft: etwa 180 °C

3. Für den Belag Äpfel schälen, vierteln und entkernen. Apfelviertel in Spalten schneiden und sofort mit 2 Esslöffeln Zitronensaft beträufeln. Die Apfelspalten gleichmäßig auf dem Teig verteilen.

4. Restlichen Zitronensaft mit Mascarpone, Eiern, Zucker und Vanillin-Zucker verrühren. Die Masse auf den Apfelspalten verteilen. Das Backblech in den vorgeheizten Backofen schieben und den Kuchen **30–35 Minuten backen.**

5. Das Backblech auf einen Kuchenrost stellen. Den Kuchen erkalten lassen.

Tipp: Nach Belieben Rosinen in die Mascarpone-Masse geben.

Aprikosen-Cheesecake

Ohne zu backen

Insgesamt:
E: 51 g, F: 103 g, Kh: 359 g, kJ: 10974, kcal: 2605

Für den Boden:

140 g Amarettini (ital. Mandelmakronen)
100 g Butter

Für die Creme:

260 g Aprikosenhälften aus der Dose
2 Pck. Aranca Aprikose-Maracuja-Geschmack (Dessertpulver)
150 g Magerquark
150 g griechischer Sahnejoghurt

Für das Topping:

2 Blatt weiße Gelatine
260 g Aprikosenhälften aus der Dose

Zubereitungszeit: 40 Minuten, ohne Kühlzeit

1. Für den Boden Amarettini in einen Gefrierbeutel geben. Den Beutel fest verschließen. Die Kekse mit einer Teigrolle fein zerbröseln und in eine Rührschüssel geben. Butter zerlassen und zu den Bröseln geben. Die Bröselmasse gut vermischen.

2. Einen Tortenring (Ø 22 cm) auf eine mit Tortenspitze oder Backpapier belegte Tortenplatte stellen. Die Bröselmasse in den Tortenring geben, gleichmäßig verteilen und mit einem Löffel zu einem Boden fest andrücken. Den Tortenboden für mindestens 15 Minuten in den Kühlschrank stellen.

3. Für die Creme die Aprikosen zusammen mit dem Saft mit einem Pürierstab fein pürieren. Aprikosenpüree, Dessertpulver, Quark und Joghurt mit Handrührgerät mit Rührbesen in etwa 4 Minuten schaumig schlagen. Die Creme auf den Boden in den Tortenring füllen und glatt streichen. Den Cheesecake eine Zeit lang in den Kühlschrank stellen.

4. Für das Topping Gelatine in kaltem Wasser nach Packungsanleitung einweichen. Aprikosen in einem Sieb gut abtropfen lassen. 200 g Aprikosen mit einem Pürierstab fein pürieren. 4 Esslöffel von dem Püree in einem kleinen Topf leicht erwärmen. Eingeweichte Gelatine leicht ausdrücken und darin auflösen. Den Topf von der Kochstelle nehmen und das restliche Püree unterrühren.

5. Das erkaltete Aprikosenpüree auf dem Cheesecake verteilen. Den Aprikosen-Cheesecake etwa 3 Stunden in den Kühlschrank stellen.

6. Den Aprikosen-Cheesecake mit den restlichen Aprikosen garnieren.

Tipp: Den Kuchen nach Belieben mit ungeschälten Mandeln und Minzeblättchen garnieren.

Aprikosen-Quark-Fladen

Fettarm

5 Stück

Insgesamt:
E: 45 g, F: 24 g, Kh: 369 g, kJ: 5380, kcal: 1285

Zum Vorbereiten:

240 g Aprikosenhälften, natursüß, aus der Dose
3 EL Aprikosensaft aus der Dose
20 g Rosinen

Für den Quark-Öl-Teig:

125 g Weizenmehl
1 gestr. TL Dr. Oetker Backin
75 g Magerquark
2 EL fettarme Milch (1,5 % Fett)
1 ½ EL Speiseöl, z. B. Sonnenblumenöl
20 g Zucker
½ TL Dr. Oetker Finesse Geriebene Zitronenschale

Für den Belag:

1 Ei (Größe M)
1 EL Zucker
75 g Magerquark
1 EL Hartweizengrieß (15 g)

Zubereitungszeit: 30 Minuten
Backzeit: 15–20 Minuten

1. Zum Vorbereiten Aprikosen in einem Sieb abtropfen lassen. Den Saft dabei auffangen und 3 Esslöffel davon abmessen. Rosinen mit 2 Esslöffeln Saft verrühren und etwas durchziehen lassen. 1 Esslöffel Saft beiseitestellen.

2. Den Backofen vorheizen.
Ober-/Unterhitze: etwa 180 °C
Heißluft: etwa 160 °C

3. Für den Teig das Mehl mit dem Backpulver in einer Rührschüssel mischen. Quark, Milch, Öl, Zucker und Zitronenschale hinzufügen. Die Zutaten mit Handrührgerät mit Knethaken auf höchster Stufe in etwa 1 Minute zu einem Teig verarbeiten (nicht zu lange kneten, Teig klebt sonst).

4. Den Teig in 5 gleich große Stücke teilen und auf der leicht bemehlten Arbeitsfläche zu je einem etwa 1 cm dicken länglichen Fladen ausrollen. Jedem Fladen einen kleinen Rand eindrücken. Teigfladen auf ein Backblech (mit Backpapier belegt) legen.

5. Für den Belag Ei mit Zucker schaumig aufschlagen. Quark mit Grieß, Rosinen und 1 Esslöffel Aprikosensaft verrühren und unter die Eimasse rühren. Die Quarkcreme auf die Teigfladen geben und die Aprikosenhälften darauf verteilen. Das Backblech in den vorgeheizten Backofen schieben. Die Fladen **15–20 Minuten backen.**

6. Die Fladen mit dem Backpapier auf einen Kuchenrost ziehen und erkalten lassen.

Aprikosen-Quark-Pie

Fruchtig

Insgesamt:
E: 127 g, F: 185 g, Kh: 437 g, kJ: 16736, kcal: 3998

Für den Knetteig:

250 g Weizenmehl
1 Prise Salz
3 EL kaltes Wasser
150 g Butter oder Margarine

Für die Füllung:

50 g Löffelbiskuits
50 g gemahlene Haselnusskerne
500 g Magerquark
2 Eier (Größe M)
75 g Zucker
1 Pck. Dr. Oetker Finesse Geriebene Zitronenschale
2–3 EL Zitronensaft
3 gestr. EL Speisestärke
480 g Aprikosenhälften aus der Dose

Zum Bestreichen:

4 EL Kondensmilch

Zubereitungszeit: 55 Minuten, ohne Kühlzeit
Backzeit: 45–50 Minuten

1. Für den Teig Mehl mit Salz in einer Rührschüssel mischen. Restliche Zutaten hinzufügen und mit Handrührgerät mit Knethaken zunächst kurz auf niedrigster, dann auf höchster Stufe gut durcharbeiten.

2. Anschließend den Teig auf der leicht bemehlten Arbeitsfläche kurz verkneten. Teig in Folie gewickelt etwa 1 Stunde in den Kühlschrank legen.

3. Für die Füllung Löffelbiskuits in einen Gefrierbeutel geben. Den Beutel fest verschließen. Biskuits mit einer Teigrolle fein zerbröseln und in eine Schüssel geben. Brösel mit den Haselnusskernen vermengen.

4. Quark mit Eiern, Zucker, Zitronenschale und -saft und Speisestärke geschmeidig rühren. Die Aprikosenhälften in einem Sieb abtropfen lassen.

5. Den Backofen vorheizen.
Ober-/Unterhitze: etwa 200 °C
Heißluft: etwa 180 °C

6. Gut die Hälfte des Teiges auf der leicht bemehlten Arbeitsfläche zu einer runden Platte (Ø etwa 34 cm) ausrollen. Eine Pie- oder Tarteform (Ø 28 cm, Boden gefettet) damit auslegen. Die Löffelbiskuit-Haselnuss-Mischung auf dem Teig verteilen. Die Aprikosenhälften mit der Schnittfläche nach unten darauflegen. Quarkmasse auf den Aprikosen verteilen und glatt streichen. Den überstehenden Teigrand auf die Füllung legen und mit Kondensmilch bestreichen.

7. Den restlichen Teig zu einer runden Platte (Ø etwa 28 cm) ausrollen. Teigplatte auf die Füllung legen und den Rand andrücken. Die Teigoberfläche mit Kondensmilch bestreichen und mehrmals mit einer Gabel einstechen. Die Form auf dem Rost in den vorgeheizten Backofen schieben. Pie **45–50 Minuten backen.**

8. Die Form auf einen Kuchenrost stellen. Die Pie etwas abkühlen lassen und warm oder kalt servieren.

Tipp: Damit der ausgerollte Teig nicht bricht, einen Bogen Backpapier unter die Teigplatte ziehen. Den Teig mithilfe des Backpapiers aufrollen und über der leeren Form oder der Füllung wieder abrollen.

Badischer Käsekuchen

Klassisch

Insgesamt:
E: 215 g, F: 406 g, Kh: 782 g, kJ: 32161, kcal: 7679

Für den Knetteig:

225 g Weizenmehl
60 g Zucker
1 Pck. Dr. Oetker Vanillin-Zucker
150 g Butter oder Margarine

Für den Belag:

1 kg Magerquark
60 g Speisestärke
250 g Zucker
1 Pck. Dr. Oetker Bourbon-Vanille-Zucker
4 Eier (Größe M)
1 Pck. Dr. Oetker Finesse Geriebene Zitronenschale
3 EL Zitronensaft
500 g Schlagsahne

Für die Streusel:

150 g Weizenmehl
75 g Zucker
1 Pck. Dr. Oetker Vanillin-Zucker
100 g Butter oder Margarine

Zubereitungszeit: 50 Minuten, ohne Abkühlzeit
Backzeit: 70–75 Minuten

1. Den Backofen vorheizen.
Ober-/Unterhitze: etwa 200 °C
Heißluft: etwa 180 °C

2. Für den Teig das Mehl in eine Rührschüssel geben. Restliche Zutaten hinzufügen und mit Handrührgerät mit Knethaken zunächst kurz auf niedrigster, dann auf höchster Stufe gut durcharbeiten. Anschließend den Teig auf der leicht bemehlten Arbeitsfläche kurz verkneten. Sollte er kleben, ihn in Folie gewickelt eine Zeit lang in den Kühlschrank legen.

3. Den Teig auf einem Backblech (30 x 40 cm, gefettet) ausrollen. Teigboden mit einer Gabel mehrmals einstechen. Das Backblech in den vorgeheizten Backofen schieben und den Boden **etwa 15 Minuten vorbacken.**

4. Für den Belag Quark mit Speisestärke, Zucker, Vanille-Zucker, Eiern, Zitronenschale und -saft gut verrühren. Die Sahne steif schlagen und unterheben.

5. Das Backblech auf einen Kuchenrost stellen und den Boden etwas abkühlen lassen. Einen Backrahmen darumstellen. Die Quark-Sahne-Creme auf den vorgebackenen Gebäckboden geben und glatt streichen.

6. Für die Streusel Mehl in einer Rührschüssel mit Zucker und Vanillin-Zucker mischen. Die Butter oder Margarine hinzufügen. Die Zutaten mit Handrührgerät mit Rührbesen zu Streuseln von gewünschter Größe verarbeiten und auf die Quark-Sahne-Creme streuen. Das Backblech wieder in den vorgeheizten Backofen schieben und den Kuchen **bei gleicher Backofeneinstellung in 55–66 Minuten fertig backen.**

7. Das Backblech auf einen Kuchenrost stellen und den Kuchen erkalten lassen. Den Backrahmen entfernen und den Kuchen in Stücke schneiden.

Beschwipste Käsekuchen-Happen

Mit Alkohol

Insgesamt:
E: 215 g, F: 282 g, Kh: 832 g, kJ: 31271, kcal: 7464

Für den Belag:

50 g getrocknete, entkernte Datteln
50 g getrocknete Feigen
100 g Rosinen
8 EL Whisky
50 g Zitronat (Succade)
50 g rote Belegkirschen
100 g gehackte Mandeln

Für den Knetteig:

250 g Weizenmehl
1 gestr. TL Dr. Oetker Backin
75 g Zucker
1 Pck. Dr. Oetker Vanillin-Zucker
1 Ei (Größe M)
150 g Butter oder Margarine

Für die Käsemasse:

1 Pck. Käsekuchenhilfe
750 g Magerquark
150 g Zucker
1 Pck. Dr. Oetker Vanillin-Zucker
4 Eigelb (Größe M)
3–4 Tropfen Zitronen-Aroma
250 ml (1/4 l) Milch
4 Eiweiß (Größe M)
1 EL Zucker

Für die Streusel:

200 g Weizenmehl
75 g Zucker
1 Pck. Dr. Oetker Vanillin-Zucker
150 g Butter oder Margarine

Zubereitungszeit: 60 Minuten, ohne Einweichzeit
Backzeit: etwa 50 Minuten

1. Für den Belag Datteln und Feigen klein schneiden und mit Rosinen so lange in dem Whisky einlegen, bis die Flüssigkeit eingezogen ist. Zitronat und Belegkirschen klein schneiden und mit den Mandeln unter die Früchte-Whisky-Mischung rühren.

2. Für den Teig Mehl mit Backpulver in einer Rührschüssel mischen. Restliche Zutaten hinzufügen und mit Handrührgerät mit Knethaken zunächst kurz auf niedrigster, dann auf höchster Stufe gut durcharbeiten. Dann den Teig auf der leicht bemehlten Arbeitsfläche kurz verkneten. Sollte er kleben, ihn in Folie gewickelt eine Zeit lang in den Kühlschrank legen.

3. Den Teig auf einem Backblech (30 x 40 cm, gefettet) ausrollen. Einen Backrahmen darumstellen. Den Backofen vorheizen.
Ober-/Unterhitze: etwa 180 °C
Heißluft: etwa 160 °C

4. Für die Käsemasse nach Packungsanleitung (aber mit den hier angegebenen Zutaten) die Zutaten verarbeiten und gleichmäßig auf dem Teig verteilen.

5. Für die Streusel Mehl in eine Rührschüssel geben. Zucker, Vanillin-Zucker und Butter oder Margarine hinzufügen. Die Zutaten mit Handrührgerät mit Rührbesen zunächst kurz auf niedrigster, dann auf höchster Stufe zu Streuseln von gewünschter Größe verarbeiten. Die Streusel auf der Käsemasse verteilen und die eingelegten Früchte darauf verteilen. Das Backblech in den vorgeheizten Backofen schieben und den Kuchen **etwa 50 Minuten backen.**

6. Das Backblech auf einen Kuchenrost stellen und den Kuchen erkalten lassen. Den Backrahmen entfernen. Den Käsekuchen in Würfel schneiden und in Papierbackförmchen setzen.

Birnen-Käsekuchen

Fruchtig

Insgesamt:
E: 121 g, F: 241 g, Kh: 597 g, kJ: 21554, kcal: 5151

Für den Knetteig:

300 g Weizenmehl
1 Msp. Dr. Oetker Backin
120 g Zucker
1 Pck. Dr. Oetker Vanillin-Zucker
1 Prise Salz
1 Ei (Größe M)
200 g Butter oder Margarine

Für die Füllung:

460 g Birnenhälften aus der Dose
3 Eiweiß (Größe M)
1 Prise Salz
1 Pck. Dr. Oetker Vanillin-Zucker
3 Eigelb (Größe M)
600 g Speisequark (40 % Fett i. Tr.)
1 Pck. Dr. Oetker Pudding-Pulver Sahne-Geschmack
100 g Zucker
1 Pck. Dr. Oetker Finesse Geriebene Zitronenschale
2 EL Birnensaft aus der Dose

Zum Bestäuben:

etwas Puderzucker

Zubereitungszeit: 60 Minuten, ohne Abkühlzeit
Backzeit: etwa 60 Minuten

1. Den Backofen vorheizen.
Ober-/Unterhitze: etwa 200 °C
Heißluft: etwa 180 °C

2. Für den Teig Mehl mit Backpulver in einer Rührschüssel mischen. Restliche Zutaten hinzufügen und mit Handrührgerät mit Knethaken zunächst kurz auf niedrigster, dann auf höchster Stufe gut durcharbeiten. Anschließend den Teig auf der leicht bemehlten Arbeitsfläche kurz verkneten. Sollte er kleben, ihn in Folie gewickelt eine Zeit lang in den Kühlschrank legen.

3. Den Teig in 3 Portionen teilen. Eine Portion auf dem Boden einer Springform (Ø 26 cm, gefettet) ausrollen. Teigboden mit einer Gabel mehrmals einstechen. Den Springformboden (ohne Springformrand) auf dem Rost in den vorgeheizten Backofen schieben. Den Boden **etwa 10 Minuten vorbacken.**

4. Den Springformboden auf einen Kuchenrost legen. Den Boden etwas abkühlen lassen. Dann den Springformrand darumstellen.

5. Für die Füllung Birnenhäften in einem Sieb abtropfen lassen. Den Saft dabei auffangen und 2 Esslöffel davon abmessen. Eiweiß mit Handrührgerät mit Rührbesen auf höchster Stufe steif schlagen. Der Schnee muss so fest sein, dass ein Messerschnitt sichtbar bleibt. Nach und nach Salz und Vanillin-Zucker kurz unterschlagen.

6. In einer anderen Schüssel das Eigelb mit Quark, Pudding-Pulver, Zucker, Zitronenschale und Birnensaft verrühren. Den Eischnee in 2 Portionen unter die Quarkmasse heben.

7. Aus der zweiten Portion Teig eine lange Rolle formen, auf den vorgebackenen Boden legen und so an die Form drücken, dass ein etwa 4 cm hoher Rand entsteht. Birnenhälften auf den Teigboden legen, dabei den Rand frei lassen. Die Quarkmasse auf die Birnen geben und glatt streichen. Überstehenden Teigrand nach innen auf die Quarkmasse schlagen.

8. Restlichen Teig auf der leicht bemehlten Arbeitsfläche zu einer runden Platte (Ø etwa 26 cm) ausrollen. Mit einer runden Ausstechform 4 Dampflöcher (Ø je etwa 2 cm) ausstechen. Die Teigplatte auf die Teigrolle wickeln und auf der Quarkmasse wieder abrollen. Teigplatte am Rand leicht andrücken.

9. Form wieder auf dem Rost in den vorgeheizten Backofen schieben. Kuchen **bei gleicher Backofeneinstellung in etwa 50 Minuten fertig backen.**

10. Die Form auf einen Kuchenrost stellen. Den Kuchen in der Form erkalten lassen. Dann den Kuchen aus der Form lösen und auf eine Tortenplatte setzen. Den Kuchen mit Puderzucker bestäuben.

Birnentorte mit Frischkäse, glasiert

Mit Alkohol

Insgesamt:
E: 100 g, F: 304 g, Kh: 562 g, kJ: 23170, kcal: 5532

Für den Streuselteig:

250 g Weizenmehl
1 gestr. TL Dr. Oetker Backin
125 g Zucker
1 Pck. Dr. Oetker Vanillin-Zucker
1 Prise Salz
1 Ei (Größe M)
125 g Butter oder Margarine
1 EL Weizenmehl

Für die Füllung:

1 kg frische Birnen
250 ml (1/4 l) Weißwein
250 ml (1/4 l) Wasser
1 Zimtstange
75 g Zucker

Für den Belag:

400 g Doppelrahm-Frischkäse
125 g Schlagsahne
2 Eier (Größe M)
1 Pck. Saucenpulver Vanille-Geschmack zum Kochen
75 g Zucker
1 Pck. Dr. Oetker Finesse Geriebene Zitronenschale
1 EL Zitronensaft
60 ml Birnengeist

Zum Bestreichen und Bestreuen:

2 EL Aprikosenkonfitüre
1 EL Wasser
1 EL gehackte Pistazienkerne

Zubereitungszeit: 45 Minuten, ohne Abkühlzeit
Backzeit: etwa 57 Minuten

1. Den Backofen vorheizen.
Ober-/Unterhitze: etwa 200 °C
Heißluft: etwa 180 °C

2. Für den Teig Mehl mit Backpulver in einer Rührschüssel mischen. Zucker, Vanillin-Zucker, Salz, Ei und Butter oder Margarine hinzufügen. Die Zutaten mit Handrührgerät mit Rührbesen zunächst kurz auf niedrigster, dann auf höchster Stufe zu feinen Streuseln verarbeiten.

3. Knapp zwei Drittel der Streusel in eine Springform (Ø 26 cm, gefettet) geben und mit einem Löffel zu einem Boden andrücken.

4. Die Form auf dem Rost in den vorgeheizten Backofen schieben und den Boden **etwa 12 Minuten vorbacken.**

5. Die Form auf einen Kuchenrost legen. Den Boden etwas abkühlen lassen. Restlichen Teig mit 1 Esslöffel Mehl verkneten, zu einer Rolle formen und auf den vorgebackenen Boden legen. So an die Form drücken, dass ein etwa 3 cm hoher Rand entsteht.

6. Für die Füllung Birnen schälen, vierteln, entkernen. Wein mit Wasser, Zimtstange und Zucker zum Kochen bringen. Birnenviertel hinzufügen. Je nach Festigkeit 5–10 Minuten gar kochen. Birnenviertel abtropfen lassen.

7. Für den Belag Frischkäse mit Sahne, Eiern, Saucenpulver, Zucker, Zitronenschale und -saft und Birnengeist geschmeidig rühren.

8. Die Birnenviertel auf dem vorgebackenen Boden verteilen. Frischkäsecreme daraufgeben und glatt streichen.

9. Die Form wieder auf dem Rost in den vorgeheizten Backofen schieben. Den Kuchen **bei gleicher Backofeneinstellung in etwa 45 Minuten fertig backen.**

10. Die Form auf einen Kuchenrost stellen. Den Kuchen etwas abkühlen lassen.

11. Zum Bestreichen und Bestreuen die Konfitüre mit Wasser in einem kleinen Topf zum Kochen bringen. Den noch warmen Kuchen damit bestreichen. Springformrand lösen und entfernen. Den Rand der Kuchenoberfläche mit Pistazienkernen bestreuen.

Blätterteig-Mango-Kuchen

Exotisch

Insgesamt:
E: 144 g, F: 419 g, Kh: 515 g, kJ: 26849, kcal: 6419

Zum Vorbereiten:
1 Pck. TK-Blätterteig (450 g, 6 rechteckige Scheiben)

Für den Belag:
250 g Mangoscheiben aus Dosen
800 g Doppelrahm-Frischkäse
100 g Crème fraîche
3 Eier (Größe M)
100 g Zucker
2 EL Zitronensaft

Für den Guss:
1 Pck. ungezuckerter Tortenguss, klar
2 EL Zucker
2 EL Zitronensaft
250 ml (1/4 l) Mangosaft aus den Dosen

Zubereitungszeit: 25 Minuten, ohne Auftau- und Abkühlzeit
Backzeit: etwa 30 Minuten

1. Zum Vorbereiten den Blätterteig nach Packungsanleitung auftauen lassen. Den Backofen vorheizen.
Ober-/Unterhitze: etwa 200 °C
Heißluft: etwa 180 °C

2. Für den Belag die Mangoscheiben in einem Sieb abtropfen lassen. Den Saft dabei auffangen und evtl. mit Wasser auf 250 ml (1/4 l) auffüllen. Für den Guss beiseitestellen. Frischkäse mit Crème fraîche, Eiern, Zucker und Zitronensaft verrühren.

3. Teigplatten auf der leicht bemehlten Arbeitsfläche aufeinanderlegen, zu einer Platte (etwa 35 x 45 cm) ausrollen. Die Teigplatte auf ein tiefes Backblech oder in eine Fettpfanne (30 x 40 cm, gefettet) legen und kurz ruhen lassen (der Teig zieht sich etwas zusammen). Inzwischen die Mangoscheiben der Länge nach in schmale Streifen schneiden.

4. Den Teig mehrfach mit einer Gabel einstechen. Die Frischkäsemasse auf den Teig streichen und mit Mangostreifen belegen. Das Backblech in den vorgeheizten Backofen schieben und den Kuchen **etwa 30 Minuten backen.**

5. Das Backblech auf einen Kuchenrost stellen und den Kuchen darauf erkalten lassen.

6. Für den Guss Tortengusspulver nach Packungsanleitung (aber mit den hier angegebenen Zutaten) zubereiten. Den Guss sofort und schnell mit einem Esslöffel von innen nach außen auf dem Kuchen verteilen. Den Guss fest werden lassen.

Böhmischer Quark-Apfel-Striezel

Für Gäste – mit Alkohol

Insgesamt:
E: 93 g, F: 160 g, Kh: 375 g, kJ: 14603, kcal: 3486

Für den Knetteig:

300 g Weizenmehl
1 Ei (Größe M)
Schale und Saft von
½ Bio-Zitrone
(unbehandelt, ungewachst)
150 g Butter oder Margarine
1 EL Weißwein

Für die Füllung:

1 Eiweiß (Größe M)
1 Eigelb (Größe M)
75 g Zucker
50 g Weichweizengrieß
250 g Magerquark
30 g Rosinen
300 g Äpfel

Zum Bestreichen und Bestreuen:

1 Eigelb
1 EL Milch
30 g gehackte Mandeln

Zubereitungszeit: 40 Minuten, ohne Abkühlzeit
Backzeit: etwa 50 Minuten

1. Für den Teig das Mehl in eine Rührschüssel geben. Restliche Zutaten hinzufügen und mit Handrührgerät mit Knethaken zunächst kurz auf niedrigster, dann auf höchster Stufe gut durcharbeiten. Anschließend den Teig auf der leicht bemehlten Arbeitsfläche kurz verkneten. Sollte er kleben, ihn in Folie gewickelt eine Zeit lang in den Kühlschrank legen.

2. Den Backofen vorheizen.
Ober-/Unterhitze: etwa 180 °C
Heißluft: etwa 160 °C

3. Für die Füllung Eiweiß mit Handrührgerät mit Rührbesen auf höchster Stufe steif schlagen. Der Schnee muss so fest sein, dass ein Messerschnitt sichtbar bleibt. In einer anderen Schüssel Eigelb, Zucker, Grieß und Quark zu einer geschmeidigen Masse verrühren. Rosinen und Eischnee unterheben.

4. Die Äpfel schälen, vierteln, entkernen, klein würfeln und ebenfalls unterheben.

5. Den Teig zu einem Rechteck (etwa 30 x 35 cm) ausrollen. Die Quarkmasse von der Mitte aus so darauf verteilen, dass außen ein etwa 5 cm breiter Rand frei bleibt. Die Teigränder von der langen Seite über die Quarkmasse schlagen. Dabei sollen in der Mitte des Striezels etwa 2 cm frei bleiben. Den Striezel auf ein Backblech (gefettet, mit Backpapier belegt) legen.

6. Eigelb mit Milch verschlagen und den Striezel damit bestreichen. Mit gehackten Mandeln bestreuen. Das Backblech in den vorgeheizten Backofen schieben. Den Striezel **etwa 50 Minuten backen.**

7. Das Backblech auf einen Kuchenrost stellen. Den Striezel etwas abkühlen lassen. Striezel noch lauwarm in Streifen schneiden und sofort servieren.

Tipp: Dazu schmeckt Vanilleeis oder Vanillesauce.

Brownie-Cheesecake

Fruchtig – etwas Besonderes

Insgesamt:
E: 110 g, F: 325 g, Kh: 411 g, kJ: 20915, kcal: 5006

Zum Vorbereiten:
150 g Cashewkerne

Für den Brownieteig:
180 g Zartbitter-Kuvertüre
60 g Butter oder Margarine
3 Eier (Größe M)
100 g Zucker
80 g Weizenmehl
1 TL. Dr. Oetker Backin
50 g Semmelbrösel
50 g abgezogene, gemahlene Mandeln

Für den Belag:
1 Bio-Orange (unbehandelt, ungewachst)
200 g Doppelrahm-Frischkäse
200 g Schmand (Sauerrahm)
50 g Puderzucker

Zubereitungszeit: 40 Minuten, ohne Abkühlzeit
Backzeit: etwa 15 Minuten

1. Zum Vorbereiten Cashewkerne in einer Pfanne ohne Fett leicht anrösten, auf einen Teller geben und erkalten lassen. 3 Esslöffel Cashewkerne zum Garnieren beiseitestellen. Die restlichen Nusskerne fein hacken.

2. Den Backofen vorheizen.
Ober-/Unterhitze: etwa 180 °C
Heißluft: etwa 160 °C

3. Für den Teig die Kuvertüre in Stücke brechen und zusammen mit Butter oder Margarine unter Rühren schmelzen.

4. Die Eier und Zucker in eine Rührschüssel geben und mit Handrührgerät mit Rührbesen auf höchster Stufe in etwa 5 Minuten schaumig schlagen. Mehl mit Backpulver, Semmelbröseln, Mandeln und den gehackten Cashewkernen gut vermischen. Die noch warme Kuvertüre-Fett-Masse zu den Eiern geben und mit dem Schneebesen kurz unterziehen. Die Mehlmischung daraufgeben und ebenfalls mit dem Schneebesen kurz unterziehen.

5. Den Teig in eine Springform (Ø 24–26 cm, Boden gefettet, mit Backpapier belegt) füllen und glatt streichen. Die Form auf dem Rost auf mittlerer Schiene in den vorgeheizten Backofen schieben. Den Kuchen **etwa 15 Minuten backen.**

6. Die Form auf einen Kuchenrost stellen. Brownie zunächst vorsichtig vom Springformrand lösen. Dann den Springformrand entfernen und den Brownie vom Springformboden mit dem Backpapier auf einen Kuchenrost ziehen. Den Brownie vollständig erkalten lassen.

7. Für den Belag Orange gründlich waschen, trocken tupfen und halbieren. Von einer Orangenhälfte die Schale fein abreiben, von der anderen Hälfte die Schale mit einem Sparschäler oder einem Zestenreißer abschälen und für die Garnierung beiseitestellen.

8. Frischkäse (der Frischkäse sollte Zimmertemperatur haben) mit Schmand, Puderzucker und fein geriebener Orangenschale mit Handrührgerät mit Rührbesen auf mittlerer Stufe kurz glatt rühren. Die Creme auf den Brownie geben und in leichten Wellen verstreichen.

9. Den Brownie mit den restlichen Cashewkernen bestreuen und mit der Orangenschale garnieren. Den Kuchen noch etwa 30 Minuten in den Kühlschrank stellen.

Bunte Rosinen-Quark-Tarte

Etwas aufwendiger

Insgesamt:
E: 88 g, F: 95 g, Kh: 561 g, kJ: 14701, kcal: 3519

Für den Hefeteig:

200 g Weizenmehl (Type 550)
1/2 Pck. frische Hefe (21 g)
2 EL Zucker
100 ml lauwarme Milch
30 g Butter oder Margarine
1 Prise Salz

Für den Belag:

100 g Sultaninen
50 g Korinthen
150 g Weinbeeren
200 ml heller Traubensaft
Schale von
1/2 Bio-Zitrone (unbehandelt, ungewachst)
4 EL Zitronensaft
1/2 Zimtstange
1 TL gemahlener Ingwer
150 g Crème fraîche
250 g Magerquark
2 Eier (Größe M)
30 g Zucker
1 Pck. Dr. Oetker Vanillin-Zucker
3 gestr. TL Speisestärke

Zum Bestreuen:

1 EL brauner Zucker

Zum Bestreichen:

3 EL Johannisbeergelee

Zubereitungszeit: 40 Minuten, ohne Teiggeh-, Quell- und Abkühlzeit
Backzeit: 35–45 Minuten

1. Für den Teig Mehl in eine Rührschüssel geben und in die Mitte eine Vertiefung eindrücken. Hefe hineinbröckeln, mit Zucker und Milch verrühren und etwa 15 Minuten stehen lassen. Butter oder Margarine in einem kleinen Topf zerlassen und abkühlen lassen.

2. Salz und abgekühlte Butter oder Margarine zum Mehl geben und mit Handrührgerät mit Knethaken zunächst auf niedrigster, dann auf höchster Stufe in etwa 5 Minuten zu einem glatten Teig verarbeiten. Den Teig zugedeckt so lange an einem warmen Ort gehen lassen, bis er sich sichtbar vergrößert hat.

3. Für den Belag die Sultaninen, Korinthen und Weinbeeren abspülen und abtropfen lassen. Traubensaft mit Zitronenschale und -saft, Gewürzen und Beeren unter Rühren zum Kochen bringen. Vom Herd nehmen und etwa 30 Minuten quellen lassen, bis der Saft aufgesogen ist. Die Beerenmasse evtl. abtropfen lassen. Die Zimtstange und Zitronenschale entfernen. Crème fraîche mit Quark, Eiern, Zucker, Vanillin-Zucker und Speisestärke gut verrühren. Den Backofen vorheizen.
Ober-/Unterhitze: etwa 180 °C
Heißluft: etwa 160 °C

4. Den gegangenen Teig leicht mit Mehl bestäuben und auf der leicht bemehlten Arbeitsfläche nochmals gut durchkneten. Zwei Drittel des Teiges zu einer runden Platte (Ø etwa 32 cm) ausrollen und in eine Tarteform (Ø 24 cm, mind. 1,2 l Inhalt, gefettet) legen. Den Teig am Boden und Rand andrücken und den überstehenden Teig abschneiden. Die Crème-fraîche-Masse daraufgeben und glatt streichen. Die Beerenmasse darauf verteilen. Den Teigrand auf die Beerenmasse klappen.

5. Restlichen Teig zu 2 Strängen formen (je 70–75 cm Länge) und zu einer Kordel drehen. Den Teigrand in der Form mit Wasser bestreichen, Kordel darauflegen, Enden zusammenfügen und andrücken. Die Kordel mit Wasser bestreichen und mit braunem Zucker bestreuen. Die Tarte nochmals 15–20 Minuten gehen lassen. Die Form auf dem Rost im unteren Drittel in den vorgeheizten Backofen schieben. Die Tarte **35–45 Minuten backen.**

6. Die Tarte in der Form erkalten lassen. Anschließend auf einen Teller stürzen und wieder auf eine Tortenplatte stürzen.

7. Zum Bestreichen Gelee in einen kleinen Topf geben und unter Rühren zum Kochen bringen. Die Tarte damit bestreichen und erkalten lassen.

Cappuccino-Torte mit Rumkirschen

Für Gäste – mit Alkohol

Insgesamt:
E: 78 g, F: 236 g, Kh: 325 g, kJ: 16073, kcal: 3837

Zum Vorbereiten:

370 g	Sauerkirschen aus dem Glas
20 ml	Rum

Für den Brandteig:

125 ml (1/8 l)	Wasser
50 g	Butter oder Margarine
75 g	Weizenmehl
25 g	Speisestärke
1 Msp.	Dr. Oetker Backin
1 Prise	Salz
2–3	Eier (Größe M)

Für den Belag:

1 EL	Instant-Cappuccino-Pulver
2 EL	heißes Wasser
200 g	Schlagsahne
2 Pck.	Dr. Oetker Sahnesteif
250 g	Magerquark
250 g	Mascarpone (ital. Frischkäse)
120 g	Zucker
1 Pck.	Dr. Oetker Vanillin-Zucker

Zum Bestäuben:

1 TL	Kakaopulver
1 TL	Instant-Cappuccino-Pulver

Zubereitungszeit: 60 Minuten, ohne Durchzieh- und Abkühlzeit
Backzeit: etwa 20 Minuten je Boden

1. Zum Vorbereiten die Sauerkirschen in einem Sieb abtropfen lassen und in eine flache Schale geben. Mit Rum beträufeln und 1 Stunde durchziehen lassen.

2. Den Backofen vorheizen.
Ober-/Unterhitze: etwa 200 °C
Heißluft: etwa 180 °C

3. Für den Teig Wasser mit Butter oder Margarine am besten in einem Stieltopf zum Kochen bringen. Mehl mit Speisestärke, Backpulver und Salz mischen. Das Mehlgemisch auf einmal in die von der Kochstelle genommene Flüssigkeit schütten, zu einem Kloß rühren und unter Rühren etwa 1 Minute erhitzen. Den heißen Kloß sofort in eine Schüssel geben.

4. Nach und nach Eier mit Handrührgerät mit Knethaken auf höchster Stufe unterarbeiten. Die Eiermenge hängt von der Beschaffenheit des Teiges ab. Er muss stark glänzen und so vom Löffel abreißen, dass lange Spitzen hängen bleiben.

5. Aus dem Teig 3 Böden backen. Dazu jeweils ein Drittel des Teiges auf einen Springformboden (Ø 26 cm, gefettet, gemehlt) streichen. Dabei den Teig am Rand nicht zu dünn aufstreichen, damit der Boden dort nicht zu dunkel wird. Jeden Boden ohne Springformrand backen.

6. Die Springformböden nacheinander (bei Heißluft zusammen) auf dem Rost in den vorgeheizten Backofen schieben. Jeden Boden **etwa 20 Minuten backen.**

7. Die Gebäckböden sofort nach dem Backen vom Springformboden lösen und einzeln auf einem Kuchenrost erkalten lassen.

8. Für den Belag das Cappuccino-Pulver mit Wasser verrühren. Erkalten lassen. Die Sahne mit Sahnesteif steif schlagen. Quark mit Mascarpone, Cappuccino-Flüssigkeit, Zucker und Vanillin-Zucker verrühren. Die Sahne unterheben.

9. Die Rumkirschen abtropfen lassen und trocken tupfen. Den unteren Gebäckboden auf eine Tortenplatte legen. Die Rumkirschen darauf verteilen. Die Hälfte der Cappuccino-Creme daraufgeben und anschließend glatt streichen.

10. Den zweiten Gebäckboden darauflegen, restliche Creme darauf verteilen und glatt streichen. Mit dem dritten Gebäckboden belegen.

11. Zum Bestäuben den Kakao mit Cappuccino-Pulver mischen. Die Torte damit bestäuben.

Cherry-Cheesecake

Fruchtig

Insgesamt:
E: 118 g, F: 443 g, Kh: 499 g, kJ: 27085, kcal: 6478

Für den Boden:

200 g Haferkekse
130 g Butter

Für die Füllung:

350 g Sauerkirschen aus dem Glas
1 Pck. Dr. Oetker Pudding-Pulver Vanille-Geschmack
1 gestr. TL gemahlener Zimt
150 g Zucker
350 ml Sauerkirschsaft aus dem Glas
100 g weiße Schokolade
600 g Doppelrahm-Frischkäse
200 g Crème fraîche
3 Eier (Größe M)

Zubereitungszeit: 75 Minuten, ohne Abkühlzeit
Backzeit: etwa 40 Minuten

1. Für den Boden Haferkekse in einen Gefrierbeutel geben. Den Beutel fest verschließen. Die Kekse mit einer Teigrolle fein zerbröseln und in eine Rührschüssel geben. Butter zerlassen und zu den Bröseln geben. Die Brösel-Butter-Masse gut vermischen.

2. Den Bröselteig in eine Springform (Ø 22 cm, gefettet, mit Backpapier belegt) geben und mit einem Löffel fest zu einem Boden andrücken. Den Boden anschließend für mindestens 10 Minuten in den Kühlschrank stellen.

3. Den Backofen vorheizen.
Ober-/Unterhitze: etwa 180 °C
Heißluft: etwa 160 °C

4. Für die Füllung die Kirschen in einem Sieb gut abtropfen lassen. Den Saft dabei auffangen und evtl. mit Wasser auf 350 ml auffüllen. 4 Esslöffel des Pudding-Pulvers mit Zimt, 2 Esslöffeln Zucker und 3 Esslöffeln Kirschsaft verrühren. Restlichen Kirschsaft aufkochen, angerührtes Pudding-Pulver hinzufügen und unter Rühren aufkochen. Die Kirschen dazugeben und beiseitestellen.

5. Weiße Schokolade fein hacken. Frischkäse, Crème fraîche, restlichen Zucker und restliches Pudding-Pulver in eine Rührschüssel geben. Die Zutaten mit Handrührgerät mit Rührbesen auf mittlerer Stufe zu einer geschmeidigen Masse verrühren. Nach und nach die Eier unterrühren. Zuletzt die Schokolade ebenfalls kurz unterrühren.

6. Die Frischkäsemasse in die Springform füllen und glatt streichen. Die Hälfte der abgebundenen Kirschen auf der Masse verteilen. Die Springform auf dem Rost im unteren Drittel in den vorgeheizten Backofen schieben. Den Cheesecake **etwa 40 Minuten backen.**

7. Die Form auf einen Kuchenrost stellen und den Cheesecake in der Form vollständig auskühlen lassen. Anschließend vorsichtig aus der Form lösen und mindestens 4 Stunden in den Kühlschrank stellen.

8. Den Cherry-Cheesecake mit den restlichen Kirschen servieren.

Tipps: Die abgebundenen Kirschen abgedeckt bei Zimmertemperatur aufbewahren und nicht in den Kühlschrank stellen. Die Masse wird sonst zu fest. Den Käsekuchen evtl. mit Puderzucker bestäuben.

Choco Crossies Käsekuchen

Beliebt

Insgesamt:
E: 175 g, F: 258 g, Kh: 558 g, kJ: 21992, kcal: 5256

Für den Streuselteig:

100 g Choco Crossies® Classic (Knusperpralinen)
200 g Weizenmehl
75 g Zucker
1 Prise Salz
100 g Butter oder Margarine
1 Ei (Größe M)

Für den Belag:

100 g Butter oder Margarine
3 Eiweiß (Größe M)
750 g Magerquark
3 Eigelb (Größe M)
75 g Weizengrieß
150 g Zucker
1 Prise Salz

100 g Choco Crossies® Classic (Knusperpralinen)

Zubereitungszeit: 40 Minuten, ohne Abkühlzeit
Backzeit: etwa 60 Minuten

1. Den Backofen vorheizen.
Ober-/Unterhitze: etwa 180 °C
Heißluft: etwa 160 °C

2. Für den Teig Knusperpralinen in einen Gefrierbeutel geben. Den Beutel fest verschließen. Die Knusperpralinen mit einer Teigrolle zerdrücken. Das Mehl in eine Rührschüssel geben. Restliche Zutaten und die Brösel hinzufügen und mit Handrührgerät mit Rührbesen zunächst kurz auf niedrigster, dann auf höchster Stufe zu Streuseln verarbeiten.

3. Dann zwei Drittel der Streusel in eine Springform (Ø 26 cm, Boden gefettet) geben, mit einem Löffel zu einem Boden andrücken. Restliche Streusel so an die Form drücken, dass ein etwa 3 cm hoher Rand entsteht.

4. Für den Belag Butter oder Margarine zerlassen und abkühlen lassen. Eiweiß mit Handrührgerät mit Rührbesen auf höchster Stufe steif schlagen. Der Schnee muss so fest sein, dass ein Messerschnitt sichtbar bleibt. In einer anderen Schüssel Quark, Eigelb, Grieß, Zucker, Salz und zerlassene Butter oder Margarine gut verrühren. Den Eischnee unterheben. Die Quarkmasse auf dem Teigboden verteilen und glatt streichen. Die Form auf dem Rost in den vorgeheizten Backofen schieben. Den Kuchen **etwa 60 Minuten backen.**

5. Zum Garnieren die Form auf einen Kuchenrost stellen. Den noch warmen Kuchen mit den Knusperpralinen garnieren. Kuchen etwas abkühlen lassen. Dann vorsichtig aus der Form lösen, den Springformrand entfernen und vollständig erkalten lassen.

Tipps: Den Kuchen nach etwa 40 Minuten Backzeit mit Backpapier abdecken, damit er nicht zu dunkel wird. Bestäuben Sie den Rand des Kuchens vor dem Servieren mit Puderzucker.

Creamcheese-Heidelbeerkuchen

Fruchtig – beliebt

Insgesamt:
E: 95 g, F: 308 g, Kh: 506 g, kJ: 5226, kcal: 1248

Für den Boden:

125 g Butter oder Margarine
200 g Vollkorn-Butterkekse
3 EL Zucker

Für die Füllung:

500 g Crème fraîche
250 g Magerquark
4 Eier (Größe M)
180 g Zucker
1 Pck. Dr. Oetker Bourbon-Vanille-Zucker
100 ml Milch

Für den Belag:

205 g Heidelbeeren aus dem Glas

Für den Guss:

250 ml (1/4 l) Heidelbeersaft aus dem Glas
1 Pck. ungezuckerter Tortenguss, klar
3 EL Zucker

Zubereitungszeit: 35 Minuten, ohne Abkühlzeit
Backzeit: etwa 80 Minuten

1. Für den Boden Butter oder Margarine zerlassen. Den Backofen vorheizen.
Ober-/Unterhitze: etwa 140 °C

2. Butterkekse portionsweise in einem Blitzhacker fein hacken. Die Brösel in eine Rührschüssel füllen. Zucker zugeben. Die Butter zugießen. Die Brösel-Butter-Masse gut vermischen. In eine Springform (Ø 28 cm, gefettet, mit Backpapier belegt) geben und mit einem Löffel fest andrücken. Den Boden kurz in den Kühlschrank stellen.

3. Für die Füllung Crème fraîche, Quark, Eier, Zucker, Vanille-Zucker und Milch in eine Rührschüssel geben und mit einem Schneebesen verquirlen. Die Masse über einen Löffel auf den Bröselboden gießen. Achtung: Ganz vorsichtig gießen, sonst kann sich der Boden lösen! Die Form auf dem Rost auf der mittleren Schiene in den vorgeheizten Backofen schieben. Den Kuchen **etwa 80 Minuten backen.**

4. Die Form auf einen Kuchenrost stellen. Den Kuchen etwa 1 Stunde in der Form abkühlen lassen. Anschließend in den Kühlschrank stellen.

5. Für den Belag Heidelbeeren in ein Sieb geben und abtropfen lassen. Den Saft dabei auffangen und evtl. mit Wasser auf 250 ml (1/4 l) auffüllen.

6. Für den Guss den Heidelbeersaft in einen Topf gießen. Tortengusspulver und Zucker unterrühren. Den Saft unter Rühren aufkochen lassen.

7. Die abgetropften Heidelbeeren vorsichtig auf dem Creamcheese verteilen. Dann den Tortenguss auf den Heidelbeeren verteilen. Den Kuchen gut gekühlt servieren.

Tipps: Mit Heißluft funktioniert es nicht. Der Kuchen lässt sich auch mit Sauerkirschen oder anderen eingemachten Früchten zubereiten.

Crème-fraîche-Schoko-Torte

Ohne zu backen

Insgesamt:
E: 123 g, F: 542 g, Kh: 471 g, kJ: 30531, kcal: 7305

Zum Vorbereiten:
600 g Crème fraîche
500 g Magerquark

Für den Boden:
250 g Amarettini (ital. Mandelmakronen)
120 g Butter

Für die Füllung:
350 g weiße Kuvertüre
130 g Butter
1 Pck. Dr. Oetker Bourbon-Vanille-Zucker

Zum Garnieren:
50 g weiße Kuvertüre

Zubereitungszeit: 30 Minuten, ohne Kühlzeit

1. Zum Vorbereiten Crème fraîche und Quark verrühren. Ein Sieb mit einem feuchten Mull- oder Geschirrtuch auslegen. Die Quarkmasse hineingeben und die Tuchenden darüberlegen. Das Sieb in eine Schüssel setzen und in den Kühlschrank stellen. Die Quarkmasse mindestens 8 Stunden abtropfen lassen.

2. Für den Boden Amarettini in einen Gefrierbeutel geben. Den Beutel fest verschließen. Amarettini mit einer Teigrolle fein zerbröseln und in eine Rührschüssel geben. Butter zerlassen, zu den Bröseln geben und gut verrühren. Einen Springformrand (Ø 26 cm) auf eine mit Tortenspitze oder Backpapier belegte Tortenplatte stellen. Die Bröselmasse darin gleichmäßig verteilen und mit einem Löffel fest andrücken. Den Tortenboden mindestens 1 Stunde in den Kühlschrank stellen.

3. Für die Füllung die Kuvertüre in Stücke brechen und mit der Butter in einem kleinen Topf im Wasserbad bei schwacher Hitze unter Rühren schmelzen. Die abgetropfte Quarkmasse und den Vanille-Zucker in einer Rührschüssel verrühren. Lauwarme Kuvertüre-Butter-Masse daraufgeben. Die Zutaten sofort mit Handrührgerät mit Rührbesen zu einer glatten Masse verrühren. Auf den Bröselboden geben und glatt streichen.

4. Zum Garnieren Kuvertüre mit einem Sparschäler oder Messer dünn abhobeln und auf die Füllung streuen. Die Torte mindestens 5 Stunden in den Kühlschrank stellen. Den Springformrand vorsichtig lösen und entfernen.

Crunchy-Käsekuchen Fruchtig

Insgesamt:
E: 182 g, F: 293 g, Kh: 476 g, kJ: 23002, kcal: 5491

Für den Knetteig:

150 g Weizenmehl
1/2 gestr. TL Dr. Oetker Backin
20 g Kakaopulver
75 g Zucker
1 Pck. Dr. Oetker Vanillin-Zucker
1 Prise Salz
1 Ei (Größe M)
75 g Butter oder Margarine

Für die Füllung:

4 Eiweiß (Größe M)
750 g Ricotta (ital. Frischkäse)
4 Eigelb (Größe M)
1 Pck. Dr. Oetker Pudding-Pulver Vanille-Geschmack
Saft von
1 Zitrone
125 g Schlagsahne
100 g Zucker
370 g Sauerkirschen aus dem Glas

Für den Belag:

50 g Butter
50 g Zucker
100 g Schlagsahne
100 g Sonnenblumenkerne

Zubereitungszeit: 45 Minuten, ohne Abkühlzeit
Backzeit: etwa 60 Minuten

1. Den Backofen vorheizen.
Ober-/Unterhitze: etwa 200 °C
Heißluft: etwa 180 °C

2. Für den Teig Mehl mit Backpulver und Kakao in einer Rührschüssel mischen. Restliche Zutaten hinzufügen und mit Handrührgerät mit Knethaken zunächst auf niedrigster, dann auf höchster Stufe gut durcharbeiten. Dann Teig auf der leicht bemehlten Arbeitsfläche kurz verkneten. Sollte er kleben, ihn in Folie gewickelt eine Zeit lang in den Kühlschrank legen.

3. Den Teig auf dem Boden einer Springform (Ø 28 cm, Boden gefettet) ausrollen und mehrmals mit einer Gabel einstechen. Springformrand darumstellen. Form auf dem Rost in den vorgeheizten Backofen schieben. Boden **etwa 15 Minuten hellbraun vorbacken.**

4. Die Form auf einen Kuchenrost stellen. Den Boden etwas abkühlen lassen. Die **Backofentemperatur um etwa 20 °C herunterschalten.**

5. Für die Füllung Eiweiß mit Handrührgerät mit Rührbesen auf höchster Stufe steif schlagen. Der Schnee muss so fest sein, dass ein Messerschnitt sichtbar bleibt. In einer anderen Schüssel Ricotta mit Eigelb, Pudding-Pulver, Zitronensaft, Sahne und Zucker verrühren. Den Eischnee vorsichtig unter die Käsemasse heben. Kirschen in einem Sieb gut abtropfen lassen.

6. Für den Belag Butter schmelzen, Zucker darin auflösen, aber nicht bräunen. Sahne hinzugeben und gut aufkochen lassen. Sonnenblumenkerne hinzufügen und die Masse erkalten lassen.

7. Die Käsefüllung auf den Tortenboden geben und glatt streichen. Die Kirschen darauf verteilen, danach den Sonnenblumenkern-Belag vorsichtig mit einem Löffel darauf verstreichen. Die Form wieder auf dem Rost in den vorgeheizten Backofen schieben. Den Kuchen **in etwa 60 Minuten fertig backen.**

8. Die Form auf einen Kuchenrost stellen. Den Kuchen vollständig abkühlen lassen. Erst dann den Kuchen vorsichtig aus der Form lösen.

Eierschecke

Klassisch

Insgesamt:
E: 144 g, F: 222 g, Kh: 479 g, kJ: 19333, kcal: 4620

Für den Hefeteig:

75 ml Milch
70 g Butter oder Margarine
200 g Weizenmehl
1 Pck. Dr. Oetker Trockenbackhefe
30 g Zucker
1 Pck. Dr. Oetker Vanillin-Zucker
3 Tropfen Zitronen-Aroma
1 Prise Salz
1 Ei (Größe M)

Für den Belag:

1 Pck. Dr. Oetker Pudding-Pulver Vanille-Geschmack
40 g Zucker
500 ml (1/2 l) Milch
500 g Magerquark
65 g Rosinen

Für die Eiercreme:

4 Eiweiß (Größe M)
125 g weiche Butter
125 g Zucker
4 Eigelb (Größe M)
15 g Speisestärke

Zubereitungszeit: 40 Minuten, ohne Teiggehzeit
Backzeit: etwa 30 Minuten

1. Für den Teig die Milch in einem kleinen Topf erwärmen und die Butter oder Margarine darin zerlassen.

2. Das Mehl in eine Rührschüssel geben und mit der Trockenbackhefe sorgfältig vermischen. Den Zucker, Vanillin-Zucker, Aroma, Salz, Ei und die Milch-Fett-Mischung hinzufügen. Die Zutaten mit Handrührgerät mit Knethaken zunächst auf niedrigster, dann auf höchster Stufe in etwa 5 Minuten zu einem glatten Teig verarbeiten. Den Teig zugedeckt so lange an einem warmen Ort gehen lassen, bis er sich sichtbar vergrößert hat.

3. Für den Belag aus Pudding-Pulver, Zucker und der Milch nach Packungsanleitung einen Pudding kochen. Den Pudding in eine Schüssel geben, mit Frischhaltefolie abdecken und erkalten lassen. Den Backofen vorheizen.
Ober-/Unterhitze: etwa 180 °C
Heißluft: etwa 160 °C

4. Quark und Rosinen unter den erkalteten Pudding rühren. Teig leicht mit Mehl bestäuben und auf der leicht bemehlten Arbeitsfläche nochmals kurz durchkneten. Den Teig auf einem Backblech (30 x 40 cm, gefettet) ausrollen. Den Quarkbelag auf den Teig geben und glatt streichen.

5. Für die Eiercreme Eiweiß mit Handrührgerät mit Rührbesen auf höchster Stufe steif schlagen. Der Schnee muss so fest sein, dass ein Messerschnitt sichtbar bleibt. In einer anderen Schüssel Butter mit Handrührgerät mit Rührbesen geschmeidig rühren. Nach und nach Zucker unterrühren. So lange rühren, bis eine gebundene Masse entstanden ist. Eigelb nach und nach unterrühren. Eischnee auf die Eigelbmasse geben, Speisestärke darübersieben und beides vorsichtig unterheben. Die Eiercreme auf dem Quarkbelag verteilen und glatt streichen. Das Backblech in den vorgeheizten Backofen schieben. Die Eierschecke **etwa 30 Minuten backen.**

6. Das Backblech auf einen Kuchenrost stellen. Die Eierschecke darauf erkalten lassen.

Tipp: Weichen Sie die Rosinen für den Quarkbelag vorher in 2 Esslöffeln Rum ein.

Erdbeer-Käse-Torte

Für Gäste

Insgesamt:
E: 149 g, F: 360 g, Kh: 352 g, kJ: 22520, kcal: 5377

Für den Boden:
150 g Löffelbiskuits
100 g Butter

Für den Belag:
500 g Erdbeeren
500 g Magerquark
500 g Mascarpone (ital. Frischkäse)
150 g Zucker
Saft von
1 ½ Zitronen
1 Pck. Dr. Oetker Finesse Geriebene Zitronenschale
30 g Speisestärke
1 Prise Salz
5 Eier (Größe M)

Zum Garnieren und Verzieren:
2 EL gehobelte Mandeln
1 EL Erdbeerkonfitüre
1 EL Schlagsahne
einige Erdbeeren

Zubereitungszeit: 60 Minuten, ohne Abkühlzeit
Backzeit: 70–85 Minuten

1. Den Backofen vorheizen.
Ober-/Unterhitze: etwa 180 °C
Heißluft: etwa 160 °C

2. Für den Boden Biskuits in einen Gefrierbeutel geben. Den Beutel fest verschließen. Biskuits mit einer Teigrolle fein zerbröseln und in eine Rührschüssel geben. Butter zerlassen, zu den Bröseln geben und gut verrühren.

3. Die Bröselmasse in einer Springform (Ø 26 cm, Boden gefettet) verteilen und mit einem Löffel fest andrücken. Die Form auf dem Rost in den vorgeheizten Backofen schieben. Den Tortenboden **10–15 Minuten vorbacken.**

4. Die Form auf einen Kuchenrost stellen. Den Boden etwas abkühlen lassen.

5. Für den Belag Erdbeeren abspülen, abtropfen lassen, entstielen und klein schneiden. Etwa 100 g der Erdbeerstücke beiseitelegen. Restliche Erdbeerstücke auf dem vorgebackenen Tortenboden verteilen.

6. Quark mit 400 g Mascarpone, Zucker, Zitronensaft und -schale verrühren. Speisestärke, Salz und Eier gut unterrühren. Die Mascarpone-Masse auf den Erdbeeren verteilen. Die Form wieder auf dem Rost in den vorgeheizten Backofen schieben. Die Torte **bei gleicher Backofeneinstellung in 60–70 Minuten fertig backen.**

7. Die Form auf einen Kuchenrost stellen. Die Torte in der Form erkalten lassen. Anschließend vorsichtig aus der Form lösen und auf eine Tortenplatte setzen.

8. Zum Garnieren und Verzieren die Mandeln in einer Pfanne ohne Fett goldbraun rösten, herausnehmen und auf einem Teller erkalten lassen. Die Konfitüre glatt rühren und an den Tortenrand streichen. Den Rand mit den Mandeln garnieren.

9. Beiseitegelegte Erdbeerstücke pürieren. Restlichen Mascarpone mit Sahne geschmeidig rühren. Die Creme mit einem Esslöffel wellenförmig auf der Tortenoberfläche verteilen. Die Torte mit dem Erdbeerpüree verzieren. Erdbeeren abspülen, abtropfen lassen, halbieren und auf die Torte legen.

Erdbeertorte mit Ricotta

Erfrischend

Insgesamt:
E: 94 g, F: 157 g, Kh: 263 g, kJ: 11997, kcal: 2865

Für den All-in-Teig:

30 g Weizenmehl
1 gestr. TL Dr. Oetker Backin
100 g Zucker
100 g gemahlene Haselnusskerne
3 Eier (Größe M)

Für den Belag:

500 g Erdbeeren
1 Bio-Limette (unbehandelt, ungewachst)
4 Blatt weiße Gelatine
100 g Puderzucker
500 g Ricotta (ital. Frischkäse)

Zubereitungszeit: 45 Minuten, ohne Kühlzeit
Backzeit: etwa 25 Minuten

1. Den Backofen vorheizen.
Ober-/Unterhitze: etwa 180 °C
Heißluft: etwa 160 °C

2. Für den Teig das Mehl mit Backpulver in einer Rührschüssel mischen. Restliche Zutaten hinzufügen und alles mit Handrührgerät mit Rührbesen erst kurz auf niedrigster, dann auf höchster Stufe in etwa 2 Minuten zu einem glatten Teig verarbeiten.

3. Den Teig in eine Springform (Ø 26 cm, Boden gefettet, mit Backpapier belegt) füllen und glatt streichen. Die Form auf dem Rost in den vorgeheizten Backofen schieben. Dann den Tortenboden **etwa 25 Minuten backen.**

4. Die Form auf einen Kuchenrost stellen. Nach etwa 10 Minuten den Tortenboden vorsichtig aus der Form lösen, auf einem mit Backpapier belegten Kuchenrost erkalten lassen. Mitgebackenes Backpapier entfernen. Tortenboden auf eine Tortenplatte legen. Einen Tortenring oder den gesäuberten Springformrand darumstellen.

5. Für den Belag Erdbeeren abspülen und abtropfen lassen. 100 g Erdbeeren zum Garnieren beiseitelegen. Restliche Erdbeeren entstielen und in kleine Stücke schneiden. Limette heiß abspülen, abtrocknen. Schale abreiben und die Limette auspressen. Die Gelatine in kaltem Wasser nach Packungsanleitung einweichen.

6. Puderzucker mit Ricotta und Limettenschale gut verrühren. Zuerst etwa 4 Esslöffel der Ricotta-Masse unter die Gelatine rühren, dann mit der restlichen Ricotta-Masse verrühren. Die Erdbeerstücke unterheben. Die Ricotta-Erdbeer-Masse auf den Tortenboden geben und glatt streichen. Die Torte etwa 2 Stunden in den Kühlschrank stellen.

7. Den Tortenring oder den Springformrand vorsichtig lösen und entfernen. Die beiseitegelegten Erdbeeren halbieren und die Torte damit garnieren.

Espressokuchen mit Vanillequark Schnell

Insgesamt:
E: 165 g, F: 341 g, Kh: 598 g, kJ: 25917, kcal: 6198

Zum Vorbereiten:
175 g Mandarinen aus der Dose

Für den Streuselteig:
300 g Weizenmehl
1 EL Instant-Espresso-Pulver
1 EL Kakaopulver
75 g Zucker
250 g weiche Butter

125 g Schokotröpfchen

Für den Belag:
500 g Vanillequark (aus dem Kühlregal)
500 g Magerquark
150 g Crème fraîche
1 Pck. Dr. Oetker Pudding-Pulver Vanille-Geschmack
4 Eier (Größe M)
75 g Zucker

Zubereitungszeit: 15 Minuten
Backzeit: etwa 40 Minuten

1. Zum Vorbereiten die Mandarinen in einem Sieb abtropfen lassen. Den Backofen vorheizen.
Ober-/Unterhitze: etwa 180 °C
Heißluft: etwa 160 °C

2. Für den Teig Mehl mit Espresso-Pulver und Kakao in einer Rührschüssel mischen. Zucker und Butter hinzufügen. Die Zutaten mit Handrührgerät mit Rührbesen erst kurz auf niedrigster, dann auf höchster Stufe zu Streuseln verarbeiten.

3. Einen Backrahmen in der Größe des Backblechs auf das Backblech (30 x 40 cm, gefettet) stellen. Die Streusel darin verteilen und mithilfe eines bemehlten Esslöffels zu einem Boden andrücken. 100 g von den Schokotropfen daraufstreuen.

4. Für den Belag alle Zutaten in eine Rührschüssel geben und mit Handrührgerät mit Rührbesen zu einer glatten Masse verrühren. Die Quarkmasse in den Backrahmen füllen und glatt streichen. Mandarinen darauf verteilen und die restlichen Schokotropfen daraufstreuen.

5. Das Backblech in den vorgeheizten Backofen schieben. Den Kuchen **etwa 40 Minuten backen.**

6. Das Backblech auf einen Kuchenrost stellen und den Kuchen erkalten lassen.

Faule-Weiber-Kuchen

Klassisch

Insgesamt:
E: 146 g, F: 252 g, Kh: 450 g, kJ: 19554, kcal: 4673

Für den Knetteig:
200 g Weizenmehl
1 gestr. TL Dr. Oetker Backin
75 g Zucker
125 g Butter oder Margarine

Für die Füllung:
750 g Magerquark
2 Eier (Größe M)
150 g Zucker
1 Pck. Dr. Oetker Pudding-Pulver Vanille-Geschmack
200 g Schmand (Sauerrahm)
75 ml Speiseöl, z. B. Rapsöl
150 ml Milch

Zum Bestäuben:
1–2 TL Puderzucker

Zubereitungszeit: 25 Minuten, ohne Abkühlzeit
Backzeit: etwa 100 Minuten

1. Den Backofen vorheizen.
Ober-/Unterhitze: etwa 180 °C
Heißluft: etwa 160 °C

2. Für den Teig Mehl mit Backpulver in einer Rührschüssel mischen. Restliche Zutaten hinzufügen und mit Handrührgerät mit Knethaken zunächst kurz auf niedrigster, dann auf höchster Stufe gut durcharbeiten. Anschließend den Teig auf der leicht bemehlten Arbeitsfläche kurz verkneten. Sollte er kleben, ihn in Folie gewickelt eine Zeit lang in den Kühlschrank legen.

3. Zwei Drittel des Knetteiges auf dem Boden einer Springform (Ø 26 cm, gefettet) ausrollen. Teigboden mehrmals mit einer Gabel einstechen. Den Springformrand darumstellen. Die Form auf dem Rost in den vorgeheizten Backofen schieben. Den Boden **etwa 15 Minuten vorbacken.**

4. Die Form auf einen Kuchenrost stellen. Den Boden etwas abkühlen lassen.

5. Den restlichen Teig zu einer Rolle formen, auf den vorgebackenen Boden legen und so an die Form drücken, dass ein etwa 3 cm hoher Rand entsteht.

6. Für die Füllung Quark, Eier, Zucker, Pudding-Pulver, Schmand, Speiseöl und Milch geschmeidig rühren. Die Quarkmasse auf dem vorgebackenen Boden verteilen.

7. Die Form wieder auf dem Rost in den vorgeheizten Backofen schieben. Kuchen **bei gleicher Backofeneinstellung in etwa 85 Minuten fertig backen.**

8. Die Form auf einen Kuchenrost stellen und den Kuchen in der Form erkalten lassen. Vor dem Servieren mit Puderzucker bestäuben.

Fränkischer Apfel-Käsekuchen

Preiswert – fruchtig

Insgesamt:
E: 243 g, F: 211 g, Kh: 784 g, kJ: 26455, kcal: 6311

Für den Hefeteig:

165 g Butter oder Margarine
500 g Weizenmehl
1 Pck. Dr. Oetker Trockenbackhefe
65 g Zucker
1 Prise Salz
1 Ei (Größe M)
250 ml (1/4 l) lauwarme Milch

Für den Belag:

1 kg Magerquark
125 ml (1/8 l) Milch
3 Eier (Größe M)
150 g Zucker
1 Pck. Dr. Oetker Vanillin-Zucker
1,5 kg Äpfel, z. B. Boskop

Zum Bestäuben:

4–5 TL Puderzucker

Zubereitungszeit: 35 Minuten, ohne Abkühl- und Teiggehzeit
Backzeit: etwa 30 Minuten

1. Für den Teig Butter oder Margarine zerlassen und abkühlen lassen. Mehl in eine Rührschüssel geben und mit Trockenbackhefe sorgfältig mischen. Danach Zucker, Salz, Ei, Milch und Butter oder Margarine hinzufügen.

2. Die Zutaten mit Handrührgerät mit Knethaken zunächst auf niedrigster, dann auf höchster Stufe in etwa 5 Minuten zu einem glatten Teig verarbeiten. Den Teig zugedeckt so lange an einem warmen Ort gehen lassen, bis er sich sichtbar vergrößert hat.

3. Den gegangenen Teig auf der leicht bemehlten Arbeitsfläche nochmals kurz durchkneten. Den Teig ausrollen und in ein Backblech mit hohem Rand oder in die Fettpfanne (30 x 40 cm, gefettet) legen. Die Ränder hochdrücken.

4. Für den Belag Quark und Milch in einer Schüssel gut verrühren. Auf dem Hefeteig verstreichen. Anschließend Eier mit Zucker und Vanillin-Zucker verquirlen und gleichmäßig auf dem Quark verteilen.

5. Äpfel schälen, vierteln, entkernen und in dünne Scheiben schneiden. Den Belag gleichmäßig damit belegen. Den Teig nochmals etwa 15 Minuten gehen lassen. Den Backofen vorheizen.
Ober-/Unterhitze: etwa 180 °C
Heißluft: etwa 160 °C

6. Nach Ende der Teiggehzeit das Backblech in den vorgeheizten Backofen schieben. Den Kuchen **etwa 30 Minuten backen.**

7. Das Backblech auf einen Kuchenrost stellen. Den Kuchen abkühlen lassen und vor dem Servieren mit Puderzucker bestäuben.

Friesischer Käsekuchen

Für Kinder

Insgesamt:
E: 200 g, F: 450 g, Kh: 1328 g, kJ: 42828,
kcal: 10228

Für den Rührteig:
200 g weiche Butter oder Margarine
175 g Zucker
1 Pck. Dr. Oetker Vanillin-Zucker
4 Eier (Größe M)
375 g Weizenmehl
1 Pck. Dr. Oetker Backin
5 EL Milch

Für den Belag:
900 g Pflaumenmus aus dem Glas

Für die Streusel:
250 g Weizenmehl
100 g Zucker
1 Pck. Dr. Oetker Vanillin-Zucker
1 Ei (Größe M)
125 g Butter oder Margarine

Für den Guss:
75 g Butter oder Margarine
100 g Zucker
3 Eier (Größe M)
500 g Magerquark
150 g Schmand (Sauerrahm)
1 Pck. Dr. Oetker Pudding-Pulver Vanille-Geschmack

Zum Bestäuben:
evtl. etwas Puderzucker

Zubereitungszeit: 60 Minuten, ohne Kühlzeit
Backzeit: etwa 55 Minuten

1. Für den Teig Butter oder Margarine mit Handrührgerät mit Rührbesen auf höchster Stufe geschmeidig rühren. Nach und nach Zucker und Vanillin-Zucker unterrühren. So lange rühren, bis eine gebundene Masse entstanden ist.

2. Die Eier nach und nach unterrühren (jedes Ei etwa ½ Minute). Das Mehl mit Backpulver mischen und in 2 Portionen mit der Milch auf mittlerer Stufe kurz unterrühren. Den Teig in ein tiefes Backblech oder eine Fettpfanne (30 x 40 cm, gefettet) geben, glatt streichen und etwa 1 Stunde kalt stellen.

3. Für den Belag Pflaumenmus auf den Rührteig geben und glatt streichen. Den Backofen vorheizen.
Ober-/Unterhitze: etwa 180 °C
Heißluft: etwa 160 °C

4. Für die Streusel Mehl in eine Rührschüssel geben. Restliche Zutaten hinzufügen und alles mit Handrührgerät mit Rührbesen zunächst kurz auf niedrigster, dann auf höchster Stufe zu Streuseln von gewünschter Größe verarbeiten.

5. Für den Guss Butter oder Margarine und Zucker in einer Rührschüssel mit Handrührgerät mit Rührbesen schaumig schlagen. Eier nach und nach unterrühren (jedes Ei etwa ½ Minute). Quark, Schmand und Pudding-Pulver unterrühren. Den Guss auf dem Pflaumenmus verteilen. Die Teigstreusel darüberstreuen. Das Backblech oder die Fettpfanne in den vorgeheizten Backofen schieben. Den Kuchen **etwa 55 Minuten backen.**

6. Dann das Backblech oder die Fettpfanne auf einen Kuchenrost stellen. Den Kuchen erkalten lassen. Nach Belieben mit Puderzucker bestäuben.

Frischkäse-Klecksel-Kuchen

Schnell - einfach

Insgesamt:
E: 99 g, F: 325 g, Kh: 409 g, kJ: 21480, kcal: 5131

Für den Rührteig:

200 g	*weiche Butter oder Margarine*
200 g	*Zucker*
1 Pck.	*Dr. Oetker Vanillin-Zucker*
1 Prise	*Salz*
3	*Eier (Größe M)*
150 g	*Doppelrahm-Frischkäse*
1 Pck.	*Dr. Oetker Finesse Geriebene Zitronenschale*
4 EL	*Zitronensaft*
250 g	*Weizenmehl*
3 gestr. TL	*Dr. Oetker Backin*
15 g	*Kakaopulver*
2 EL	*Milch*
100 g	*gemahlene Haselnusskerne*
40 g	*gehackte Pistazienkerne*

Zubereitungszeit: 30 Minuten
Backzeit: 25–30 Minuten

1. Den Backofen vorheizen.
Ober-/Unterhitze: etwa 180 °C
Heißluft: etwa 160 °C

2. Für den Teig Butter oder Margarine mit Handrührgerät mit Rührbesen geschmeidig rühren. Nach und nach Zucker, Vanillin-Zucker und Salz unterrühren, bis eine gebundene Masse entstanden ist.

3. Die Eier nach und nach unterrühren (jedes Ei etwa ½ Minute). Dann Frischkäse, Zitronenschale und -saft unterrühren. Das Mehl und Backpulver mischen und in 2 Portionen auf mittlerer Stufe kurz unterrühren.

4. Dann den Teig in 3 Portionen teilen. Unter die erste Portion Kakao und Milch, unter die zweite Portion die Haselnusskerne und unter die dritte Portion die Pistazienkerne rühren.

5. Von den 3 Teigen jeweils unterschiedliche Kleckse nebeneinander auf ein Backblech (30 x 40 cm, gefettet) geben und diese mit einem in Wasser getauchten Esslöffel flach drücken. Das Backblech in den vorgeheizten Backofen schieben. Den Kuchen **25–30 Minuten backen.**

6. Das Backblech auf einen Kuchenrost stellen und den Kuchen erkalten lassen.

Tipps: Nach Belieben die einzelnen Kleckse mit Pistazien oder gehackten Haselnüssen bestreuen. Es können auch 3 unterschiedliche Nussarten, z. B. Walnusskerne, Haselnusskerne und abgezogene Mandeln (jeweils 100 g) je zur Hälfte gehackt und gemahlen unter den Teig gegeben werden. Dann weiter wie unter Punkt 5 beschrieben verfahren. Der Kuchen hält sich in Folie verpackt einige Tage frisch.

Frischkäsekuchen mit Kirschen

Fruchtig

Insgesamt:
E: 98 g, F: 375 g, Kh: 399 g, kJ: 23334, kcal: 5572

Für den Boden:
150 g Butter oder Margarine
150 g Butterkekse oder Vollkorn-Butterkekse
40 g abgezogene, gemahlene Mandeln
1 Pck. Dr. Oetker Vanillin-Zucker

Für den Belag:
360 g Sauerkirschen aus dem Glas
30 g Speisestärke
250 ml (1/4 l) Kirschsaft aus dem Glas
400 g Doppelrahm-Frischkäse
150 g Zucker
1 Pck. Dr. Oetker Vanillin-Zucker
3 Eier (Größe M)
200 g Schmand (Sauerrahm)
1 Pck. Dr. Oetker Finesse Geriebene Zitronenschale

Zum Bestäuben:
1 EL Puderzucker

Zubereitungszeit: 45 Minuten, ohne Abkühlzeit
Backzeit: etwa 100 Minuten

1. Für den Boden Butter oder Margarine zerlassen und abkühlen lassen. Kekse in einen Gefrierbeutel geben. Den Beutel fest verschließen. Kekse mit einer Teigrolle fein zerbröseln. Die Mandeln in einer Pfanne ohne Fett anrösten. Die Brösel, Mandeln und Vanillin-Zucker mit der Butter gut verrühren.

2. Die Bröselmasse in einer Springform (Ø 26 cm, Boden gefettet, mit Backpapier belegt) verteilen. Mit einem Löffel zu einem Boden fest andrücken.

3. Den Backofen vorheizen.
Ober-/Unterhitze: etwa 180 °C
Heißluft: etwa 160 °C

4. Für den Belag Kirschen in einem Sieb abtropfen lassen. Den Saft dabei auffangen und evtl. mit Wasser auf 250 ml (1/4 l) auffüllen. Die Speisestärke mit etwas Saft anrühren. Den restlichen Saft in einem Topf zum Kochen bringen, von der Kochstelle nehmen, Speisestärke einrühren und gut aufkochen lassen. Dann die Kirschen unterheben.

5. Frischkäse, Zucker, Vanillin-Zucker, Eier, Schmand und Zitronenschale gut verrühren. Kirschmasse auf dem Keksboden verteilen, dabei einen gut 1 cm breiten Rand frei lassen. Frischkäsemasse daraufgeben und glatt streichen. Die Form auf dem Rost in den vorgeheizten Backofen schieben und den Kuchen zunächst **etwa 20 Minuten backen.**

6. Danach die **Backofentemperatur um etwa 60 °C herunterschalten.** Den Kuchen **in etwa 80 Minuten fertig backen.**

7. Den Kuchen im Backofen auskühlen lassen. Die Form auf einen Kuchenrost stellen und den Kuchen vorsichtig aus der Form lösen. Dann mit Puderzucker bestäuben.

Fruchtquark-Muffins

Schnell – für Kinder

Insgesamt:
E: 47 g, F: 113 g, Kh: 270 g, kJ: 9633, kcal: 2302

Für den All-in-Teig:
50 g Weizenmehl
50 g abgezogene, gemahlene Mandeln
½ TL Dr. Oetker Backin
75 g Zucker
1 Prise Salz
1 Ei (Größe M)
1 Eigelb (Größe M)
60 g weiche Butter oder Margarine

Für den Belag:
1 Eiweiß (Größe M)
400 g Fruchtquark, z. B. Aprikose
2 gestr. EL Zucker
1 gestr. EL Hartweizengrieß

Zum Garnieren:
3 EL rote Konfitüre, z. B. Sauerkirschkonfitüre
etwas Vollmilch-Schokolade
einige Minzeblätter

Zubereitungszeit: 20 Minuten, ohne Abkühlzeit
Backzeit: 20–25 Minuten

1. Den Backofen vorheizen.
Ober-/Unterhitze: etwa 200 °C
Heißluft: 180 °C

2. Für den Teig Mehl mit Mandeln und Backpulver in einer Rührschüssel mischen. Restliche Zutaten hinzufügen und alles mit Handrührgerät mit Rührbesen erst kurz auf niedrigster, dann auf höchster Stufe in etwa 2 Minuten zu einem glatten Teig verarbeiten.

3. Den Teig in eine Muffinform (für 12 Muffins, gefettet und gemehlt) füllen. Die Form auf dem Rost in den vorgeheizten Backofen schieben. Die Muffins **etwa 10 Minuten vorbacken.**

4. Für den Belag das Eiweiß mit Handrührgerät mit Rührbesen auf höchster Stufe steif schlagen. Der Schnee muss so fest sein, dass ein Messerschnitt sichtbar bleibt. Quark, Zucker und Grieß dazugeben und kurz unterrühren.

5. Die Quarkmasse auf die vorgebackenen Muffins geben. Die **Backofentemperatur um etwa 20 °C herunterschalten.** Die Form wieder auf dem Rost in den vorgeheizten Backofen schieben. Die Muffins **in 10–15 Minuten fertig backen.**

6. Die Muffinform auf einen Kuchenrost stellen. Die Muffins in der Form etwa 10 Minuten abkühlen lassen. Anschließend vorsichtig aus der Form lösen und auf einem Kuchenrost erkalten lassen.

7. Zum Garnieren auf jeden Muffin vor dem Servieren einen Klecks Konfitüre geben. Von der Schokolade mit einem Sparschäler einige Flocken abhobeln und auf den Muffins verteilen. Mit Minzeblättchen garnieren.

Fürsten-Käse-Torte

Für Gäste

Insgesamt:
E: 211 g, F: 325 g, Kh: 702 g, kJ: 28060, kcal: 6706

Für den Knetteig:

200 g Weizenmehl
1 gestr. TL Dr. Oetker Backin
100 g Butter oder Margarine
50 g Puderzucker
1 Pck. Dr. Oetker Vanillin-Zucker
1 Prise Salz
50 g Marzipan-Rohmasse

Zum Bestreichen und Belegen:

2 EL Aprikosenkonfitüre
1 heller Wiener Boden (etwa ½ cm hoch)

Für die Quarkfüllung:

100 g Butter
1 kg Magerquark
180 g Zucker
45 g Speisestärke
3 gestr. TL Dr. Oetker Backin
3 Eier (Größe M)
Saft und abgeriebene Schale von
1 Bio-Zitrone (unbehandelt, ungewachst)
200 ml Milch

Für den Mandelbelag:

50 g Butter oder Margarine
70 g Zucker
1 Ei (Größe M)
50 g gehobelte Mandeln

Zubereitungszeit: 45 Minuten, ohne Abkühlzeit
Backzeit: etwa 82 Minuten

1. Den Backofen vorheizen.
Ober-/Unterhitze: etwa 200 °C
Heißluft: etwa 180 °C

2. Für den Teig Mehl mit Backpulver in einer Rührschüssel mischen. Restliche Zutaten hinzufügen und mit Handrührgerät mit Knethaken zunächst auf niedrigster, dann auf höchster Stufe gut durcharbeiten. Anschließend den Teig auf der leicht bemehlten Arbeitsfläche kurz verkneten. Sollte er kleben, ihn in Folie gewickelt eine Zeit lang in den Kühlschrank legen.

3. Die Hälfte des Teiges auf dem Boden einer Springform (Ø 28 cm, Boden gefettet) ausrollen. Teigboden mehrmals mit einer Gabel einstechen, Springformrand darumstellen.

4. Die Form auf dem Rost in den vorgeheizten Backofen schieben und dann den Boden **etwa 12 Minuten vorbacken.**

5. Die Form auf einen Kuchenrost stellen. Die **Backofentemperatur um etwa 20 °C herunterschalten.** Den Boden etwas abkühlen lassen.

6. Restlichen Teig zu einer Rolle formen, auf den vorgebackenen Boden legen. So an den Springformrand drücken, dass ein etwa 3 cm hoher Rand entsteht.

7. Den vorgebackenen Boden mit Konfitüre bestreichen. Den Wiener Boden darauflegen.

8. Für die Füllung die Butter zerlassen und abkühlen lassen. Quark mit Zucker, Speisestärke, Backpulver, Eiern, Zitronensaft, -schale, Milch und der Butter geschmeidig rühren.

9. Die Masse auf den vorgebackenen Boden geben und glatt streichen.

10. Für den Mandelbelag Butter oder Margarine zerlassen. Mit Zucker und Ei geschmeidig rühren. Die Mandeln unterrühren. Die Mandelmasse gleichmäßig auf der Quarkfüllung verteilen.

11. Die Form wieder auf dem Rost in den vorgeheizten Backofen schieben. Die Torte **in etwa 70 Minuten fertig backen.**

12. Form auf einen Kuchenrost stellen. Die Fürsten-Käse-Torte in der Form etwa 2 Stunden abkühlen lassen. Anschließend aus der Form lösen und auf einem Kuchenrost vollständig erkalten lassen.

Gebackene Topfentorte
Klassisch

Insgesamt:
E: 163 g, F: 363 g, Kh: 702 g, kJ: 28636, kcal: 6837

Für den Knetteig:
300 g Weizenmehl
100 g Zucker
1 Pck. Dr. Oetker Vanillin-Zucker
1 Prise Salz
abgeriebene Schale von
1 Bio-Zitrone (unbehandelt, ungewachst)
2 Eigelb (Größe M)
200 g Butter oder Margarine
1 EL Weizenmehl

Für die Füllung:
470 g Pfirsichspalten aus der Dose (Tortenpfirsiche)

Für den Belag:
7 Eiweiß (Größe M)
50 g Zucker
500 g Schmand (Sauerrahm)
500 g Speisequark (Topfen, 20 % Fett i. Tr.)
100 g Zucker
1 Pck. Dr. Oetker Vanillin-Zucker
5 Eigelb (Größe M)
2 Pck. Dr. Oetker Pudding-Pulver Vanille-Geschmack
1 Prise Salz
abgeriebene Schale und Saft von
2 Bio-Zitronen (ungewachst, unbehandelt)

Zum Bestreuen:
3 EL Semmelbrösel

Zubereitungszeit: 50 Minuten, ohne Abkühlzeit
Backzeit: 75–80 Minuten

1. Den Backofen vorheizen.
Ober-/Unterhitze: etwa 200 °C
Heißluft: etwa 180 °C

2. Für den Teig das Mehl in eine Rührschüssel geben. Restliche Zutaten hinzufügen und mit Handrührgerät mit Knethaken zunächst kurz auf niedrigster, dann auf höchster Stufe gut durcharbeiten. Anschließend den Teig auf der leicht bemehlten Arbeitsfläche kurz verkneten. Sollte er kleben, ihn in Folie gewickelt eine Zeit lang in den Kühlschrank legen.

3. Zwei Drittel des Teiges auf dem Boden einer Springform (Ø 26 cm, gefettet) ausrollen. Den Springformrand darumstellen. Die Form auf dem Rost in den vorgeheizten Backofen schieben. Den Boden **15–20 Minuten vorbacken.**

4. Die Form auf einen Kuchenrost stellen. Den Boden etwas abkühlen lassen. Die **Backofentemperatur um etwa 20 °C herunterschalten.**

5. Den Rest des Teiges mit 1 Esslöffel Mehl verkneten, zu einer Rolle formen, auf den vorgebackenen Boden legen und so an die Form drücken, dass ein 4–5 cm hoher Rand entsteht.

6. Für die Füllung Pfirsiche in einem Sieb gut abtropfen lassen.

7. Für den Belag Eiweiß mit Handrührgerät mit Rührbesen auf höchster Stufe steif schlagen. Der Schnee muss so fest sein, dass ein Messerschnitt sichtbar bleibt. Nach und nach Zucker kurz unterschlagen. In einer anderen Schüssel Schmand mit Quark, Zucker, Vanillin-Zucker, Eigelb, Pudding-Pulver, Salz, Zitronenschale und -saft gut verrühren. Eischnee unter die Quarkmasse heben.

8. Den vorgebackenen Boden mit den Semmelbröseln bestreuen und mit Pfirsichspalten belegen. Die Quarkmasse daraufgeben und glatt streichen. Form wieder auf dem Rost in den vorgeheizten Backofen schieben. Die Torte **in etwa 60 Minuten fertig backen.**

9. Die Topfentorte noch etwa 10 Minuten im ausgeschalteten Backofen stehen lassen. Die Form herausnehmen und auf einen Kuchenrost stellen. Die Topfentorte etwa 30 Minuten in der Form abkühlen lassen. Anschließend aus der Form lösen und auf eine Tortenplatte setzen. Die Torte erkalten lassen.

Granatapfelschnitten

Etwas Besonderes

Insgesamt:
E: 156 g, F: 348 g, Kh: 524 g, kJ: 25222, kcal: 6022

Für den Rührteig:

250 g weiche Butter oder Margarine
150 g Zucker
1 Prise Salz
0,1 g gemahlener Safran
4 Eier (Größe M)
250 g Weizenmehl
2 gestr. TL Dr. Oetker Backin
2 EL Milch

Für den Belag:

1 kg Speisequark (40 % Fett i. Tr.)
4 EL Milch
2 Pck. Quarkfein, Vanille (Dessertpulver)
1 Granatapfel

Für den Guss:

1 EL Grenadinesirup (Granatapfelsirup)
2 EL Puderzucker

Zubereitungszeit: 65 Minuten, ohne Kühlzeit
Backzeit: etwa 25 Minuten

1. Den Backofen vorheizen.
Ober-/Unterhitze: etwa 180 °C
Heißluft: etwa 160 °C

2. Für den Teig Butter oder Margarine mit Handrührgerät mit Rührbesen auf höchster Stufe geschmeidig rühren. Nach und nach Zucker, Salz und Safran unterrühren. So lange rühren, bis eine gebundene Masse entstanden ist.

3. Die Eier nach und nach unterrühren (jedes Ei etwa ½ Minute). Mehl mit Backpulver mischen und mit der Milch in 2 Portionen auf mittlerer Stufe kurz unterrühren.

4. Den Teig auf ein Backblech (30 x 40 cm, gefettet, mit Backpapier belegt) streichen. An der offenen Seite des Backblechs das Backpapier unmittelbar vor dem Teig zur Falte knicken, sodass ein Rand entsteht.

5. Das Backblech in den vorgeheizten Backofen schieben und die Gebäckplatte **etwa 25 Minuten backen.**

6. Die Gebäckplatte vom Rand lösen und auf einen mit Backpapier belegten Kuchenrost stürzen. Mitgebackenes Backpapier abziehen. Die Gebäckplatte erkalten lassen.

7. Aus der Gebäckplatte mit einem Ausstecher runde Platten (Ø etwa 9 cm) ausstechen und auf ein Backblech legen. Die Gebäckreste mit den Händen fein zerbröseln.

8. Für den Belag den Quark, Milch und Quarkfein mit Handrührgerät mit Rührbesen auf höchster Stufe zu einer geschmeidigen Masse verrühren.

9. Die Quarkcreme auf die Platten verteilen und mit einem Teelöffel wellenartig verstreichen.

10. Die Gebäckbrösel auf einen Teller geben. Gebäckschnitten nacheinander in die Brösel setzen und die Brösel an die Quarkränder drücken. Anschließend die Gebäckschnitten etwa 1 Stunde in den Kühlschrank stellen.

11. Um die Blüte des Granatapfel herum keilförmig ein kleines Quadrat ausschneiden. Den Apfel von den Ecken aus viermal einritzen. Den Apfel öffnen und die Kerne herauslösen.

12. Für den Guss Grenadinesirup und Puderzucker gut verrühren.

13. Die Gebäckschnitten kurz vor dem Servieren mit Granatapfelkernen garnieren und mit dem Guss beträufeln.

Tipps: Den Safran durch gemahlenen Zimt oder Ingwer ersetzen. Die Granatapfelschnitten schmecken frisch am besten.

Griechischer Käsekuchen

Für Gäste

Insgesamt:
E: 141 g, F: 108 g, Kh: 519 g, kJ: 15753, kcal: 3762

Für den Knetteig:

150 g Weizenmehl
½ gestr. TL Dr. Oetker Backin
75 g Zucker
1 Pck. Dr. Oetker Vanillin-Zucker
1 Prise Salz
1 Ei (Größe M)
75 g Butter oder Margarine

Für den Belag:

200 g getrocknete Datteln ohne Steine
500 g Magerquark
300 g Joghurt
100 g flüssiger Honig
4 Eier (Größe M)
1 Pck. Dr. Oetker Pudding-Pulver Vanille-Geschmack
1 Pck. Dr. Oetker Finesse Geriebene Zitronenschale
2 EL Zitronensaft

Nach Belieben:

einige getrocknete Datteln ohne Steine

Zum Bestreuen:

1 EL Zucker
1 Msp. gemahlener Zimt
2 EL Hagelzucker

Zubereitungszeit: 45 Minuten, ohne Abkühlzeit
Backzeit: etwa 70 Minuten

1. Den Backofen vorheizen.
Ober-/Unterhitze: etwa 200 °C
Heißluft: etwa 180 °C

2. Für den Teig Mehl mit Backpulver mischen und in eine Rührschüssel geben. Restliche Zutaten hinzufügen und alles mit Handrührgerät mit Knethaken zunächst kurz auf niedrigster, dann auf höchster Stufe gut durcharbeiten. Anschließend den Teig auf der leicht bemehlten Arbeitsfläche kurz verkneten. Sollte er kleben, ihn in Folie gewickelt eine Zeit lang in den Kühlschrank legen.

3. Zwei Drittel des Teiges auf dem Boden einer Springform (Ø 26 cm, gefettet) ausrollen. Den Springformrand darumstellen. Die Form auf dem Rost in den vorgeheizten Backofen schieben und den Boden **etwa 10 Minuten hellbraun vorbacken.**

4. Die Form auf einen Kuchenrost stellen und den Kuchen erkalten lassen. Die **Backofentemperatur um etwa 20 °C herunterschalten.**

5. Restlichen Teig zu einer langen Rolle formen, auf den vorgebackenen Boden legen und so an die Form drücken, dass ein etwa 3 cm hoher Rand entsteht.

6. Für den Belag Datteln in Würfel schneiden. Quark mit Joghurt, Honig und Eiern verrühren. Das Pudding-Pulver, Zitronenschale und -saft unterrühren. Dattelwürfel unterheben. Die Masse auf den Boden streichen. Nach Belieben mit in Spalten geschnittenen Datteln belegen. Die Form wieder auf dem Rost in den vorgeheizten Backofen schieben. Den Kuchen **in etwa 60 Minuten fertig backen.**

7. Den Kuchen nach dem Backen noch 15 Minuten im ausgeschalteten Backofen bei leicht geöffneter Backofentür stehen lassen.

8. Anschließend den Kuchen auf einen Kuchenrost stellen und den Springformrand lösen. Kuchen erkalten lassen.

9. Zum Bestreuen Zucker und Zimt mischen. Den griechischen Käsekuchen mit Zimtzucker und Hagelzucker bestreuen.

Beilage: Dazu schmeckt eine **Mandel-Sahne.** Dafür 250 g Schlagsahne aufschlagen und 50 g zerbröselte Amarettini (ital. Mandelmakronen) unterrühren.

Tipp: Statt der Datteln können auch getrocknete Feigen und abgezogene, gehackte Mandeln verwendet werden.

Grüner Käsekuchen

Für Kinder

Insgesamt:
E: 163 g, F: 362 g, Kh: 552 g, kJ: 25651, kcal: 6128

Für den Streuselteig:
125 g Weizenmehl
60 g Zucker
1 Pck. Dr. Oetker Vanillin-Zucker
90 g Butter oder Margarine

Für die Käsemasse:
2 Eiweiß (Größe M)
75 g Zucker
200 g Doppelrahm-Frischkäse
500 g Magerquark
75 ml Speiseöl
1 Ei (Größe M)
2 Eigelb (Größe M)
175 ml Waldmeistersirup
2 EL Zitronensaft
1 Pck. Dr. Oetker Finesse Geriebene Zitronenschale
30 g Hartweizengrieß
1 Pck. Dr. Oetker Pudding-Pulver Sahne-Geschmack
25 g gehackte Pistazienkerne

Für den Schmandbelag:
3 Eier (Größe M)
100 g Zucker
400 g Schmand (Sauerrahm)

Zubereitungszeit: 30 Minuten, ohne Abkühlzeit
Backzeit: etwa 75 Minuten

1. Den Backofen vorheizen.
Ober-/Unterhitze: etwa 180 °C
Heißluft: etwa 160 °C

2. Für den Teig Mehl in eine Rührschüssel geben. Zucker, Vanillin-Zucker und Butter oder Margarine hinzufügen. Die Zutaten mit Handrührgerät mit Rührbesen auf höchster Stufe zu Streuseln verarbeiten.

3. Die Streusel in eine Springform (Ø 26 cm, Boden gefettet, mit Backpapier belegt) geben und mit einem Löffel zu einem Boden andrücken. Die Form in den vorgeheizten Backofen schieben. Den Boden **etwa 15 Minuten vorbacken.**

4. Für die Käsemasse zunächst Eiweiß mit Handrührgerät mit Rührbesen auf höchster Stufe steif schlagen. Der Schnee muss so fest sein, dass ein Messerschnitt sichtbar bleibt. Nach und nach Zucker kurz unterschlagen.

5. In einer anderen Schüssel Frischkäse und Quark mit Speiseöl, Ei, Eigelb, Sirup, Zitronensaft, -schale, Grieß und Pudding-Pulver mit Handrührgerät mit Rührbesen auf höchster Stufe gut verrühren.

6. Eischnee und Pistazienkerne unter die Frischkäsemasse heben. Die Masse auf den vorgebackenen Boden geben und glatt streichen.

7. Für den Belag Eier und Zucker mit Handrührgerät mit Rührbesen auf höchster Stufe etwa 2 Minuten schlagen. Den Schmand unterrühren. Die Schmandmasse vorsichtig auf der Frischkäsemasse verteilen. Die Form wieder auf dem Rost in den vorgeheizten Backofen schieben. Den Kuchen **bei gleicher Backofeneinstellung in etwa 60 Minuten fertig backen.**

8. Den Kuchen noch 15–20 Minuten im ausgeschalteten Backofen stehen lassen. Anschließend die Form auf einen Kuchenrost stellen. Den Kuchen in der Form erkalten lassen, dann vorsichtig aus der Form lösen und auf eine Tortenplatte setzen.

Tipp: Den Kuchen nach Belieben mit gehackten Pistazien bestreuen.

Heidelbeer-Käsekuchen

Dauert länger – für Kinder

Insgesamt:
E: 280 g, F: 560 g, Kh: 920 g, kJ: 41760, kcal: 10000

Für den Hefeteig:

1 Bio-Orange (unbehandelt, ungewachst)
200 ml Milch
150 g Butter oder Margarine
350 g Weizenmehl
1 Pck. Dr. Oetker Trockenbackhefe
100 g Zucker
1 Ei (Größe L)

Für den Belag:

410 g Heidelbeeren aus dem Glas oder 750 g frische Heidelbeeren
6 Eigelb (Größe M)
750 g Magerquark
250 g Zucker
1 Pck. Dr. Oetker Pudding-Pulver Vanille-Geschmack
250 g Schlagsahne
6 Eiweiß (Größe M)

Für die Mandelmasse:

100 g Butter
150 g Zucker
200 g Schlagsahne
300 g gehobelte Mandeln

Zubereitungszeit: 50 Minuten, ohne Teiggeh- und Abkühlzeit
Backzeit: etwa 50 Minuten

1. Für den Teig Orange heiß abwaschen, abtrocknen und die Schale dünn abreiben. Milch leicht erwärmen und Butter oder Margarine darin zerlassen. Mehl in eine Rührschüssel geben und mit Trockenbackhefe sorgfältig vermischen.

2. Die Milch-Fett-Mischung, Zucker, Ei und Orangenschale hinzufügen. Die Zutaten mit Handrührgerät mit Knethaken zunächst auf niedrigster, dann auf höchster Stufe in etwa 5 Minuten zu einem glatten Teig verarbeiten. Den Teig mit Mehl bestäuben und zugedeckt etwa 1 Stunde an einem warmen Ort gehen lassen.

3. Den Teig leicht mit Mehl bestäuben und in einem tiefen Backblech oder einer Fettpfanne (30 x 40 cm, gefettet, mit Backpapier belegt) ausrollen.

4. Den Backofen vorheizen.
Ober-/Unterhitze: etwa 180 °C
Heißluft: etwa 160 °C

5. Für den Belag Heidelbeeren in einem Sieb abtropfen lassen. Frische Heidelbeeren verlesen, waschen und gut abtropfen lassen.

6. Eigelb, Quark, Zucker und Pudding-Pulver in einer Rührschüssel zu einer glatten Masse verrühren.

7. Sahne steif schlagen. In einer anderen Schüssel Eiweiß mit Handrührgerät mit Rührbesen ebenfalls steif schlagen. Der Schnee muss so fest sein, dass ein Messerschnitt sichtbar bleibt. Die Sahne und den Eischnee nacheinander unter die Quarkmasse heben. Anschließend die Quarkcreme auf dem Hefeteig verteilen und glatt streichen. Die Heidelbeeren darauf verteilen.

8. Für die Mandelmasse Butter, Zucker, Sahne und Mandeln in einem Topf unter Rühren kräftig aufkochen lassen. Die Mandelmasse esslöffelweise auf den Heidelbeeren verteilen.

9. Das Backblech oder die Fettpfanne in den vorgeheizten Backofen schieben. Den Heidelbeer-Käsekuchen **etwa 50 Minuten backen.**

10. Das Backblech oder die Fettpfanne auf einen Kuchenrost stellen. Den Heidelbeer-Käsekuchen erkalten lassen. Die Kuchenränder mit einem elektrischen Messer glatt schneiden. Den Heidelbeer-Käsekuchen in etwa 5 x 6 cm große Stücke schneiden.

Tipp: Der Kuchen geht beim Backen sehr stark auf. Evtl. vorher einen Backrahmen um den Hefeteig stellen oder die Teigränder mit Backpapierstreifen sichern, sodass Flüssigkeit nicht vom Backblech in den Backofen tropfen kann.

Heidelbeer-Ricotta-Torte, mini

Fruchtig – für Gäste

Insgesamt:
E: 32 g, F: 175 g, Kh: 147 g, kJ: 9828, kcal: 2348

Für den Streuselteig:

60 g Weizenmehl
1 Msp. Dr. Oetker Backin
30 g Zucker
1 Prise Salz
½ Pck. Dr. Oetker Finesse Geriebene Zitronenschale
40 g Butter oder Margarine
1 EL Milch

Für die Füllung:

4 Blatt weiße Gelatine
250 g Heidelbeeren
125 g Ricotta (ital. Frischkäse)
30 g Zucker
frisch geriebene Muskatnuss
125 g Schlagsahne

Zum Einstreichen:

250 g Schlagsahne
1 Pck. Dr. Oetker Sahnesteif
1 TL Zucker

Zum Bestäuben:

frisch geriebene Muskatnuss

Zubereitungszeit: 50 Minuten, ohne Kühlzeit
Backzeit: etwa 15 Minuten

1. Den Backofen vorheizen.
Ober-/Unterhitze: etwa 200 °C
Heißluft: etwa 180 °C

2. Für den Teig das Mehl mit Backpulver in einer Rührschüssel mischen. Zucker, Salz, Zitronenschale, Butter oder Margarine und Milch hinzufügen. Die Zutaten mit Handrührgerät mit Rührbesen zu Streuseln verarbeiten. Anschließend die Streusel in eine Springform (Ø 18 cm, gefettet) geben und gut zu einem Boden andrücken.

3. Die Form auf dem Rost in den vorgeheizten Backofen schieben. Den Boden **etwa 15 Minuten backen.**

4. Die Form auf einen Kuchenrost stellen. Nach etwa 5 Minuten den Springformrand vorsichtig lösen und entfernen. Den Tortenboden erkalten lassen.

5. Für die Füllung Gelatine nach Packungsanleitung in kaltem Wasser einweichen. Heidelbeeren verlesen, abspülen und abtropfen lassen. Ricotta zusammen mit 150 g Heidelbeeren pürieren.

6. Die Gelatine leicht ausdrücken und in einem kleinen Topf bei schwacher Hitze unter Rühren auflösen. 3 Esslöffel Heidelbeerpüree nach und nach unterrühren. Dann die Gelatinemasse unter das restliche Püree rühren. Zucker und etwas Muskatnuss unterrühren. Die Masse in den Kühlschrank stellen.

7. Sobald die Masse anfängt dicklich zu werden, die Sahne steif schlagen und unterheben.

8. Den Tortenboden auf eine Platte legen. Den gesäuberten Springformrand oder einen Tortenring um den Tortenboden stellen. Die Heidelbeersahne einfüllen und glatt streichen. Die restlichen Heidelbeeren darauf verteilen und die Torte etwa 3 Stunden in den Kühlschrank stellen.

9. Zum Einstreichen die Sahne mit Sahnesteif und Zucker steif schlagen. Zwei Drittel der Sahne auf die Heidelbeeren geben und wellenartig verstreichen.

10. Den Tortenring oder den Springformrand vorsichtig entfernen. Die Torte mit der restlichen Sahne einstreichen. Die Torte mit etwas Muskat bestäuben.

Himbeer-Aprikosen-Kuchen

Fruchtig – für Kinder

Insgesamt:
E: 129 g, F: 217 g, Kh: 557 g, kJ: 20238, kcal: 4835

Für den Knetteig:

200 g Weizenmehl
75 g Zucker
1 Prise Salz
1 Pck. Dr. Oetker Vanillin-Zucker
125 g Butter oder Margarine
1 EL Milch

Für den Belag:

750 g Speisequark
4 Eier (Größe M)
150 g Zucker
1 Prise Salz
1 Pck. Dr. Oetker Vanillin-Zucker
1 Pck. Dr. Oetker Finesse Geriebene Zitronenschale
1 Pck. Dr. Oetker Pudding-Pulver Sahne-Geschmack
250 g Aprikosenhälften aus der Dose
125 g Himbeeren

Zum Bestreichen:

3 EL Aprikosenkonfitüre
1 EL Wasser

Zubereitungszeit: 50 Minuten, ohne Abkühlzeit
Backzeit: 70–80 Minuten

1. Den Backofen vorheizen.
Ober-/Unterhitze: etwa 180 °C
Heißluft: etwa 160 °C

2. Für den Teig das Mehl in eine Rührschüssel geben. Restliche Zutaten hinzufügen und mit Handrührgerät mit Knethaken zunächst kurz auf niedrigster, dann auf höchster Stufe gut durcharbeiten.

3. Anschließend den Teig auf der leicht bemehlten Arbeitsfläche kurz verkneten. Sollte er kleben, ihn in Folie gewickelt eine Zeit lang in den Kühlschrank legen.

4. Die Hälfte des Teiges auf dem Boden einer Springform (Ø 26 cm, gefettet) ausrollen. Teigboden mit einer Gabel mehrmals einstechen. Den Springformrand darumstellen. Die Form auf dem Rost in den vorgeheizten Backofen schieben. Den Boden **etwa 10 Minuten vorbacken.**

5. Für den Belag in der Zwischenzeit den Quark, Eier, Zucker, Salz, Vanillin-Zucker, Zitronenschale und das Pudding-Pulver zu einer glatten Masse verrühren. Die Aprikosen in einem Sieb abtropfen lassen. Himbeeren verlesen.

6. Die Springform auf einen Kuchenrost stellen. Den Boden etwas abkühlen lassen.

7. Restlichen Teig zu einer langen Rolle formen, auf den vorgebackenen Boden legen und so an die Form drücken, dass ein 3–4 cm hoher Rand entsteht.

8. Die Quarkmasse auf den Teigboden geben und glatt streichen. Himbeeren und Aprikosenhälften darauf verteilen. Die Form wieder auf dem Rost in den vorgeheizten Backofen schieben. Den Kuchen **bei gleicher Backofeneinstellung in 60–70 Minuten fertig backen.**

9. Die Form auf einen Kuchenrost stellen. Den Kuchen in der Form erkalten lassen.

10. Zum Bestreichen Aprikosenkonfitüre und Wasser in einem kleinen Topf unter Rühren aufkochen lassen. Sofort auf den Kuchen streichen (stückige Konfitüre nach dem Aufkochen durch ein Sieb streichen). Den Kuchen vorsichtig aus der Form lösen.

Himbeer-Quark-Torte, mini

Fruchtig – für Gäste

Insgesamt:
E: 64 g, F: 190 g, Kh: 194 g, kJ: 11741, kcal: 2805

Für den All-in-Teig:
- *30 g Zartbitter-Schokolade*
- *80 g Weizenmehl*
- *1 gestr. TL Dr. Oetker Backin*
- *60 g Zucker*
- *2 Eier (Größe M)*
- *100 g weiche Butter oder Margarine*

Für den Belag:
- *4 Blatt weiße Gelatine*
- *250 g Himbeeren*
- *200 g Speisequark (20 % Fett i. Tr.)*
- *1–2 TL Dr. Oetker Finesse Geriebene Zitronenschale*
- *200 g Schlagsahne*
- *1–2 EL Zucker*

Zum Garnieren:
- *etwas geraspelte oder gehobelte Zartbitter-Schokolade*
- *etwas Puderzucker*

Zubereitungszeit: 40 Minuten, ohne Kühlzeit
Backzeit: etwa 15 Minuten

1. Den Backofen vorheizen.
Ober-/Unterhitze: etwa 200 °C
Heißluft: etwa 180 °C

2. Für den Teig die Schokolade sehr fein hacken. Das Mehl mit Backpulver in einer Rührschüssel mischen. Restliche Zutaten und die Schokolade hinzufügen und alles mit Handrührgerät mit Rührbesen erst kurz auf niedrigster, dann auf höchster Stufe in etwa 1 Minute zu einem glatten Teig verarbeiten.

3. Den Teig in eine Obstbodenform (Ø 22 cm, gefettet, gemehlt) füllen und glatt streichen. Die Form auf dem Rost in den vorgeheizten Backofen schieben. Den Boden **etwa 15 Minuten backen.**

4. Die Form auf einen Kuchenrost stellen. Nach etwa 5 Minuten den Obstboden auf einen mit Backpapier belegten Kuchenrost stürzen und erkalten lassen.

5. Für den Belag die Gelatine nach Packungsanleitung in kaltem Wasser einweichen. Die Himbeeren verlesen. Die Gelatine leicht ausdrücken und in einem kleinen Topf bei schwacher Hitze unter Rühren auflösen. 3 Esslöffel Quark nach und nach unterrühren. Anschließend Gelatinemasse und Zitronenschale unter den restlichen Quark rühren. Den Quark in den Kühlschrank stellen.

6. Die Sahne mit Zucker steif schlagen. Sobald der Quark anfängt dicklich zu werden, die Sahne unter den Quark rühren. 100 g Himbeeren auf dem Tortenboden verteilen. Die Quarkcreme kuppelförmig auf den Tortenboden geben. Restliche Himbeeren auf den Tortenrand setzen. Die Torte etwa 2 Stunden in den Kühlschrank stellen.

7. Die Torte vor dem Servieren mit Schokolade bestreuen und mit Puderzucker bestäuben.

Tipp: Für eine Variante mit Himbeergeist brechen Sie 1–2 weiße Baisers in kleine Stücke und beträufeln sie mit etwas Himbeergeist. Die Baiserstücke heben Sie dann zusammen mit der Sahne unter den Quark.

Holzfällerschnitten

Gut vorzubereiten

Insgesamt:
E: 229 g, F: 215 g, Kh: 596 g, kJ: 22011, kcal: 5255

Zum Vorbereiten:

1 Pck.	Dr. Oetker Pudding-Pulver Vanille-Geschmack
100 g	Zucker
500 ml (½ l)	Milch

Für den Quark-Öl-Teig:

300 g	Weizenmehl
3 gestr. TL	Dr. Oetker Backin
125 g	Magerquark
100 ml	Milch
100 ml	Speiseöl
75 g	Zucker
1 Pck.	Dr. Oetker Vanillin-Zucker
1 Prise	Salz

Für den Belag:

4	Eiweiß (Größe M)
50 g	Zucker
4	Eigelb (Größe M)
875 g	Magerquark
1 Pck.	Dr. Oetker Pudding-Pulver Vanille-Geschmack
100 g	gestiftelte Mandeln

Zum Bestäuben:

2 EL	Puderzucker

Zubereitungszeit: 20 Minuten, ohne Abkühlzeit
Backzeit: etwa 50 Minuten

1. Zum Vorbereiten aus Pudding-Pulver, Zucker und Milch nach Packungsanleitung einen Pudding zubereiten und etwas abkühlen lassen. Den Backofen vorheizen.
Ober-/Unterhitze: etwa 180 °C
Heißluft: etwa 160 °C

2. Für den Teig Mehl mit Backpulver in einer Rührschüssel mischen. Quark, Milch, Öl, Zucker, Vanillin-Zucker und Salz hinzufügen. Die Zutaten mit Handrührgerät mit Knethaken auf höchster Stufe in etwa 1 Minute zu einem Teig verarbeiten (nicht zu lange, Teig klebt sonst). Den Teig in einem tiefen Backblech oder einer Fettpfanne (30 x 40 cm, gefettet) ausrollen.

3. Für den Belag zunächst Eiweiß mit Handrührgerät mit Rührbesen auf höchster Stufe steif schlagen. Der Schnee muss so fest sein, dass ein Messerschnitt sichtbar bleibt. Dann Eigelb, Quark und Pudding-Pulver unter den vorbereiteten Pudding rühren. Den Eischnee unter die Pudding-Quark-Masse heben. Die Pudding-Quark-Masse auf dem Teig verstreichen, mit den Mandeln bestreuen.

4. Backblech oder Fettpfanne im unteren Drittel in den vorgeheizten Backofen schieben. Den Kuchen **etwa 50 Minuten backen.**

5. Backblech oder Fettpfanne auf einen Kuchenrost stellen. Den Kuchen erkalten lassen und mit Puderzucker bestäuben.

Johannisbeer-Käsekuchen

Fruchtig

Insgesamt:
E: 178 g, F: 192 g, Kh: 540 g, kJ: 19501, kcal: 4653

Zum Vorbereiten:
500 g Johannisbeeren

Für den Streuselteig:
375 g Weizenmehl
1 gestr. TL Dr. Oetker Backin
75 g Zucker
1 Pck. Dr. Oetker Vanillin-Zucker
150 g Butter oder Margarine

Für die Füllung:
4 Eiweiß (Größe M)
4 Eigelb (Größe M)
750 g Magerquark
1 Pck. Dr. Oetker Finesse Geriebene Zitronenschale
150 g Zucker
250 ml (1/4 l) Milch
1 Pck. Käsekuchenhilfe

50 g gehobelte Mandeln

Zubereitungszeit: 65 Minuten, ohne Abkühlzeit
Backzeit: etwa 60 Minuten

1. Zum Vorbereiten Johannisbeeren waschen, abtropfen lassen und entstielen. Den Backofen vorheizen.
Ober-/Unterhitze: etwa 180 °C
Heißluft: etwa 160 °C

2. Für den Teig Mehl mit Backpulver in einer Rührschüssel mischen. Zucker, Vanillin-Zucker und Butter oder Margarine hinzufügen. Die Zutaten mit Handrührgerät mit Rührbesen zunächst kurz auf niedrigster, dann auf höchster Stufe zu Streuseln verarbeiten.

3. Die Streusel in einem tiefen Backblech oder einer Fettpfanne (30 x 40 cm, Boden gefettet) verteilen und leicht andrücken. Backblech oder Fettpfanne in den vorgeheizten Backofen schieben. Den Boden **etwa 15 Minuten vorbacken.**

4. Fettpfanne oder Backblech auf einen Kuchenrost stellen. Den Boden etwas abkühlen lassen. Die **Backofentemperatur um etwa 20 °C herunterschalten.**

5. Für die Füllung Eiweiß mit Handrührgerät mit Rührbesen auf höchster Stufe steif schlagen. Der Schnee muss so fest sein, dass ein Messerschnitt sichtbar bleibt. Eigelb mit Quark, Zitronenschale, Zucker und Milch geschmeidig rühren. Käsekuchenhilfe unterrühren. Eischnee unterheben.

6. Die Quarkmasse auf den vorgebackenen Boden geben und glatt streichen. Die Johannisbeeren darauf verteilen und mit Mandeln bestreuen. Das Backblech oder die Fettpfanne wieder in den vorgeheizten Backofen schieben und den Kuchen **in etwa 45 Minuten fertig backen.**

7. Backblech oder Fettpfanne auf einen Kuchenrost stellen. Den Kuchen erkalten lassen.

Tipp: Sie können den Kuchen auch mit TK-Johannisbeeren zubereiten. Die Johannisbeeren vorher etwas antauen lassen.

Johannisbeer-Quarkkuchen mit Baiser

Für Gäste

Insgesamt:
E: 211 g, F: 174 g, Kh: 737 g, kJ: 23546, kcal: 5618

Zum Vorbereiten:
750 g Johannisbeeren

Für den Quark-Öl-Teig:
300 g Weizenmehl
1 Pck. Dr. Oetker Backin
150 g Magerquark
75 ml Milch
75 ml Speiseöl
75 g Zucker
1 Pck. Dr. Oetker Vanillin-Zucker
1 Prise Salz

Für den Belag:
50 g Butter
750 g Magerquark
200 g Zucker
1 Pck. Dr. Oetker Vanillin-Zucker
3 Eier (Größe M)
2 Eigelb (Größe M)
50 g Speisestärke

Für die Baisermasse:
2 Eiweiß (Größe M)
100 g Zucker
20 g gehobelte Mandeln

Zubereitungszeit: 50 Minuten
Backzeit: etwa 35 Minuten

1. Zum Vorbereiten Johannisbeeren waschen, abtropfen lassen und entstielen. Den Backofen vorheizen.
Ober-/Unterhitze: etwa 180 °C
Heißluft: etwa 160 °C

2. Für den Teig Mehl mit Backpulver in einer Rührschüssel mischen. Restliche Zutaten hinzufügen und alles mit Handrührgerät mit Knethaken auf höchster Stufe in etwa 1 Minute zu einem Teig verarbeiten (nicht zu lange, Teig klebt sonst).

3. Den Teig auf einem Backblech (30 x 40 cm, gefettet) ausrollen. Vor den Teig einen mehrfach umgeknickten Streifen Alufolie legen oder einen Backrahmen um den Teig stellen.

4. Für den Belag die Butter zerlassen. Quark, Zucker, Vanillin-Zucker, Eier, Eigelb, Speisestärke und die zerlassene Butter zu einer geschmeidigen Masse verrühren. Die Johannisbeeren unter die Quarkmasse heben. Die Masse auf dem Teig verteilen und glatt streichen. Das Backblech in den vorgeheizten Backofen schieben. Den Kuchen **etwa 30 Minuten backen.**

5. Für die Baisermasse in der Zwischenzeit Eiweiß mit Handrührgerät mit Rührbesen auf höchster Stufe steif schlagen. Der Schnee muss so fest sein, dass ein Messerschnitt sichtbar bleibt. Nach und nach Zucker kurz unterschlagen.

6. Backblech auf einen Kuchenrost stellen. **Backofentemperatur auf Ober-/Unterhitze: etwa 200 °C bzw. Heißluft: etwa 180 °C heraufschalten.** Den Kuchen vorsichtig mit der Baisermasse bestreichen und mit den Mandeln bestreuen. Dann das Backblech wieder in den vorgeheizten Backofen schieben. Den Kuchen **weitere etwa 5 Minuten backen.**

7. Das Backblech auf einen Kuchenrost stellen. Den Kuchen abkühlen lassen. Die Folie entfernen oder den Backrahmen vorsichtig lösen und entfernen.

Kaffee-Käsekuchen

Mit Alkohol

Insgesamt:
E: 146 g, F: 204 g, Kh: 423 g, kJ: 17695, kcal: 4227

Für den Boden:
50 g Butter
100 g Waffeltäfelchen mit Schokoladenüberzug
70 g Semmelbrösel
1 Pck. Dr. Oetker Vanillin-Zucker
1 verschlagenes Eiweiß (Größe M)

Für den Belag:
3 EL Kaffeelikör
3 gestr. TL Instant-Espresso-Pulver
3 Eier (Größe M)
1 Eigelb (Größe M)
150 g Zucker
1 Pck. Dr. Oetker Bourbon-Vanille-Zucker
500 g Speisequark (20 % Fett i. Tr.)
250 g Speisequark (40 % Fett i. Tr.)
40 g Speisestärke

Für den Guss:
70 g Edelbitter-Schokolade (60 % Kakaoanteil)
150 g saure Sahne
2 EL Kaffeelikör
30 g Zucker

Zum Garnieren:
30 g Edelbitter-Schokolade (60 % Kakaoanteil)

Zubereitungszeit: 45 Minuten, ohne Kühlzeit
Backzeit: etwa 50 Minuten

1. Den Backofen vorheizen.
Ober-/Unterhitze: etwa 180 °C
Heißluft: etwa 160 °C

2. Für den Boden die Butter zerlassen und abkühlen lassen. Waffeln in einen Gefrierbeutel geben. Den Beutel fest verschließen. Waffeln mit einer Teigrolle fein zerbröseln und in eine Rührschüssel geben. Die Semmelbrösel, Vanillin-Zucker, Butter und Eiweiß hinzufügen. Die Zutaten gut vermengen. Die Bröselmasse in einer Springform (Ø 26 cm, Boden gefettet, mit Backpapier belegt) verteilen und mit einem Löffel fest zu einem Boden andrücken.

3. Für den Belag Likör mit Espresso-Pulver, Eiern, Eigelb, Zucker und Vanille-Zucker in eine Rührschüssel geben und mit Handrührgerät mit Rührbesen gut verrühren. Quark und Speisestärke unterrühren. Masse auf den Waffelboden geben und glatt streichen. Die Form auf dem Rost in den vorgeheizten Backofen schieben. Den Kuchen **etwa 50 Minuten backen.**

4. Die Form auf einen Kuchenrost stellen und den Kuchen etwas abkühlen lassen.

5. Für den Guss Schokolade in Stücke brechen und in einem kleinen Topf im Wasserbad bei schwacher Hitze schmelzen.

6. Saure Sahne mit Likör und Zucker in einer Rührschüssel verrühren. Schokolade mit dem Schneebesen unterrühren. Den Guss auf dem warmen Kuchen verteilen. Den Kuchen in der Form erkalten lassen. Anschließend mindestens 4 Stunden in den Kühlschrank stellen.

7. Zum Garnieren den Kuchen aus der Form lösen und auf eine Tortenplatte setzen. Schokolade auf einer Haushaltsreibe reiben oder mit einem Sparschäler schälen. Die Schokolade an den Kuchenrand drücken.

Tipp: Wer den Kuchen ohne Likör zubereiten möchte, kann ihn durch flüssige Schlagsahne ersetzen. Für die Füllung dann eventuell 4 Teelöffel Espresso-Pulver verwenden.

Käsekuchen, einmal anders

Preiswert

Insgesamt:
E: 95 g, F: 281 g, Kh: 521 g, kJ: 21097, kcal: 5041

Für den Hefeteig:

100 g Butter oder Margarine
375 g Weizenmehl
1 Pck. Dr. Oetker Trockenbackhefe
75 g Zucker
1 Prise Salz
1 Ei (Größe M)
200 g lauwarme Schlagsahne

Für die Füllung:

250 g Pfirsichhälften aus der Dose
300 g Doppelrahm-Frischkäse
75 g Zucker
1 Pck. Dr. Oetker Vanillin-Zucker
1 Eigelb (Größe M)
3 EL Pfirsichsaft aus der Dose
1 Eiweiß (Größe M)

Zum Bestreichen und Bestreuen:

20 g Butter oder Margarine
20 g Zucker

Zubereitungszeit: 25 Minuten, ohne Teiggehzeit
Backzeit: etwa 25 Minuten

1. Für den Teig zunächst Butter oder Margarine zerlassen und abkühlen lassen. Mehl in eine Rührschüssel geben und mit Trockenbackhefe sorgfältig vermischen. Den Zucker, Salz, Ei, Sahne und Butter oder Margarine hinzufügen. Die Zutaten mit Handrührgerät mit Knethaken zunächst kurz auf niedrigster, dann auf höchster Stufe in etwa 5 Minuten zu einem glatten Teig verarbeiten. Den Hefeteig zugedeckt so lange an einem warmen Ort gehen lassen, bis er sich sichtbar vergrößert hat.

2. Für die Füllung die Pfirsichhälften in einem Sieb abtropfen lassen, den Saft dabei auffangen und 3 Esslöffel abmessen. Den Frischkäse mit Zucker, Vanillin-Zucker, Eigelb und Pfirsichsaft geschmeidig rühren. Pfirsichhälften in kleine Würfel schneiden.

3. Das Eiweiß mit Handrührgerät mit Rührbesen auf höchster Stufe steif schlagen. Der Schnee muss so fest sein, dass ein Messerschnitt sichtbar bleibt. Die Pfirsichwürfel und den Eischnee unter die Käsemasse rühren.

4. Den gegangenen Teig leicht mit Mehl bestäuben. Auf der leicht bemehlten Arbeitsfläche nochmals kurz durchkneten.

5. Knapp die Hälfte des Teiges auf einem Backblech (30 x 40 cm, gefettet) ausrollen und am Rand etwas hochdrücken. Die Käse-Pfirsich-Masse gleichmäßig darauf verteilen, dabei an der offenen Seite des Backblechs etwa 2 cm frei lassen. Die überstehenden Teigränder auf die Käse-Pfirsich-Creme schlagen.

6. Restlichen Teig auf der bemehlten Arbeitsfläche zu einem Rechteck (etwa 30 x 40 cm) ausrollen und auf die Käse-Pfirsich-Masse legen. Die Ränder gut andrücken. Den Teig nochmals so lange an einem warmen Ort gehen lassen, bis er sich sichtbar vergrößert hat. Den Backofen vorheizen.
Ober-/Unterhitze: etwa 200 °C
Heißluft: etwa 180 °C

7. Die Teigdecke mehrmals mit einer Gabel einstechen. Das Backblech in den vorgeheizten Backofen schieben und den Käsekuchen **etwa 25 Minuten backen.**

8. Das Backblech auf einen Kuchenrost stellen. Die Butter oder Margarine zerlassen. Den Kuchen sofort damit bestreichen und mit Zucker bestreuen. Den Kuchen erkalten lassen.

Käsekuchen, geschichtet

Raffiniert

Insgesamt:
E: 116 g, F: 209 g, Kh: 463 g, kJ: 17683, kcal: 4217

Zum Vorbereiten:
460 g Birnenhälften aus der Dose
100 g Amarettini (ital. Mandelmakronen)

Für den All-in-Teig:
150 g Weizenmehl
2 gestr. TL Dr. Oetker Backin
125 g Zucker
1 Pck. Dr. Oetker Vanillin-Zucker
1 Prise Salz
4 Eier (Größe M)
150 g weiche Butter oder Margarine

Außerdem:
500 g Speisequark (20 % Fett i. Tr.)
1 Pck. Dr. Oetker Pudding-Pulver Sahne-Geschmack
3 gestr. TL Kakaopulver
30 g weiche Butter

Zubereitungszeit: 50 Minuten
Backzeit: 50–60 Minuten

1. Zum Vorbereiten die Birnenhälften in einem Sieb abtropfen lassen. Amarettini in einen Gefrierbeutel geben. Den Beutel fest verschließen. Amarettini mit einer Teigrolle fein zerbröseln. Den Backofen vorheizen.
Ober-/Unterhitze: etwa 180 °C
Heißluft: etwa 160 °C

2. Für den Teig das Mehl mit Backpulver in einer Rührschüssel mischen. Restliche Zutaten hinzufügen und alles mit Handrührgerät mit Rührbesen erst kurz auf niedrigster, dann auf höchster Stufe in etwa 2 Minuten zu einem glatten Teig verarbeiten.

3. Den Teig halbieren. Den Quark und Pudding-Pulver unter die eine Teighälfte, Kakao unter die andere Teighälfte rühren. Den dunklen Teig (Kakaoteig) in eine Springform (Ø 26 cm, Boden gefettet) geben und glatt streichen. Zwei Drittel der Amarettinibrösel daraufstreuen. Den hellen Teig (Quarkteig) daraufgeben und glatt streichen.

4. Birnenhälften in Spalten schneiden und kreisförmig auf den Quarkteig legen. Mit den restlichen Amarettinibröseln bestreuen. Butter in Flöckchen darauf verteilen. Die Form auf dem Rost in den vorgeheizten Backofen schieben. **Kuchen 50–60 Minuten backen.**

5. Die Form auf einen Kuchenrost stellen. Den Kuchen in der Form erkalten lassen.

Käsekuchen, gestürzt

Klassisch - schnell

Insgesamt:
E: 154 g, F: 202 g, Kh: 459 g, kJ: 18275, kcal: 4366

Für den Knetteig:

150 g Weizenmehl
½ gestr. TL Dr. Oetker Backin
50 g Zucker
1 Pck. Dr. Oetker Vanillin-Zucker
1 Prise Salz
1 Ei (Größe M)
75 g Butter oder Margarine

Für die Füllung:

4 Eiweiß (Größe M)
75 g weiche Butter
150 g Zucker
4 Eigelb (Größe M)
1 Pck. Dr. Oetker Finesse Geriebene Zitronenschale
750 g Magerquark
125 g Schlagsahne
1 Pck. Dr. Oetker Pudding-Pulver Vanille-Geschmack
100 g Rosinen

Zum Bestäuben:

etwas Puderzucker

Zubereitungszeit: 20 Minuten, ohne Abkühlzeit
Backzeit: etwa 85 Minuten

1. Den Backofen vorheizen.
Ober-/Unterhitze: etwa 180 °C
Heißluft: etwa 160 °C

2. Für den Teig Mehl mit Backpulver in einer Rührschüssel mischen. Restliche Zutaten hinzufügen und mit Handrührgerät mit Knethaken zunächst kurz auf niedrigster, dann auf höchster Stufe gut durcharbeiten.

3. Anschließend den Teig auf der leicht bemehlten Arbeitsfläche kurz verkneten. Sollte er kleben, ihn in Folie gewickelt eine Zeit lang in den Kühlschrank legen.

4. Den Teig auf dem Boden einer Springform (Ø 26 cm, gefettet) ausrollen. Den Teigboden mehrmals mit einer Gabel einstechen. Den Springformrand darumstellen. Die Form auf dem Rost in den vorgeheizten Backofen schieben. Den Boden **etwa 15 Minuten vorbacken.**

5. Für die Füllung zunächst Eiweiß mit Handrührgerät mit Rührbesen auf höchster Stufe steif schlagen. Der Schnee muss so fest sein, dass ein Messerschnitt sichtbar bleibt.

6. In einer anderen Schüssel Butter mit Handrührgerät mit Rührbesen geschmeidig rühren. Den Zucker unterrühren. Eigelb und Zitronenschale nach und nach unterrühren. Quark, Sahne und Pudding-Pulver unterrühren. Eischnee mit den Rosinen unterheben. Die Quarkmasse auf den vorgebackenen Boden geben und glatt streichen.

7. Die Form wieder auf dem Rost in den vorgeheizten Backofen schieben und den Kuchen **bei gleicher Backofeneinstellung in etwa 70 Minuten fertig backen.** Sollte der Kuchen zu dunkel werden, ihn **etwa 20 Minuten vor Beendigung der Backzeit** mit Backpapier abdecken.

8. Den Kuchen vom Springformrand lösen und in der Form auf einen Kuchenrost stürzen. Den Kuchen in der Form erkalten lassen. Den Kuchen auf eine Tortenplatte stürzen. Springformrand und -boden entfernen. Den Kuchen mit Puderzucker bestäuben.

Käsekuchen mit Erdbeerbelag

Für Gäste – mit Alkohol

Insgesamt:
E: 114 g, F: 228 g, Kh: 481 g, kJ: 18826, kcal: 4499

Für den Knetteig:

200 g Weizenmehl
½ gestr. TL Dr. Oetker Backin
50 g Puderzucker
1 Ei (Größe M)
100 g Butter oder Margarine

Für die Füllung:

100 g Butter
4 Eiweiß (Größe M)
150 g Puderzucker
500 g Schichtkäse
4 Eigelb (Größe M)
1 Pck. Dr. Oetker Finesse Geriebene Zitronenschale

Für den Belag:

500 g Erdbeeren
75 g Puderzucker
3 EL Zitronensaft
1 EL gehackte Minze
evtl. etwas Apfelsaft oder Weißwein
1 Pck. ungezuckerter Tortenguss, rot

Zubereitungszeit: 50 Minuten, ohne Abkühl- und Durchziehzeit
Backzeit: etwa 82 Minuten

1. Den Backofen vorheizen.
Ober-/Unterhitze: etwa 200 °C
Heißluft: etwa 180 °C

2. Für den Teig Mehl mit Backpulver in einer Rührschüssel mischen. Restliche Zutaten hinzufügen und mit Handrührgerät mit Knethaken zunächst kurz auf niedrigster, dann auf höchster Stufe gut durcharbeiten. Anschließend den Teig auf der leicht bemehlten Arbeitsfläche kurz verkneten. Sollte er kleben, ihn in Folie gewickelt eine Zeit lang in den Kühlschrank legen.

3. Gut zwei Drittel des Teiges auf dem Boden einer Springform (Ø 26 cm, gefettet) ausrollen. Den Teigboden mehrmals mit einer Gabel einstechen. Den Springformrand darumstellen. Die Form auf dem Rost in den vorgeheizten Backofen schieben und dann den Boden **etwa 12 Minuten vorbacken.**

4. Die Form auf den Kuchenrost stellen. Den Boden etwas abkühlen lassen. Restlichen Teig zu einer Rolle formen, auf den vorgebackenen Boden legen und so an die Form drücken, dass ein etwa 3 cm hoher Rand entsteht.

5. Für die Füllung Butter zerlassen und abkühlen lassen. Das Eiweiß mit Handrührgerät mit Rührbesen auf höchster Stufe steif schlagen. Der Schnee muss so fest sein, dass ein Messerschnitt sichtbar bleibt. Nach und nach 25 g Puderzucker unterschlagen.

6. In einer anderen Schüssel Schichtkäse mit restlichem Puderzucker, Eigelb und die Zitronenschale gut verrühren. Eischnee unterheben, Butter vorsichtig unterrühren.

7. Die Masse auf den Teigboden geben und glatt streichen. Die Form wieder auf dem Rost in den vorgeheizten Backofen schieben und **bei gleicher Backofeneinstellung in etwa 70 Minuten fertig backen.**

8. Die Form auf einen Kuchenrost stellen und den Kuchen erkalten lassen.

9. Für den Belag die Erdbeeren abspülen, abtropfen lassen, entstielen, halbieren oder in Scheiben schneiden. Mit Puderzucker, Zitronensaft und Minze vorsichtig mischen und etwa 1 Stunde durchziehen lassen.

10. Die Erdbeeren abtropfen lassen, dabei den Saft auffangen. Erdbeeren auf dem Kuchen verteilen. Den Erdbeersaft evtl. mit Apfelsaft oder Wein auf 250 ml (¼ l) auffüllen.

11. Aus Tortengusspulver und Saft einen Guss nach Packungsanleitung (aber mit den hier angegebenen Zutaten) zubereiten. Den Guss auf die Erdbeeren geben. Guss fest werden lassen. Den Kuchen aus der Form lösen und auf eine Tortenplatte setzen.

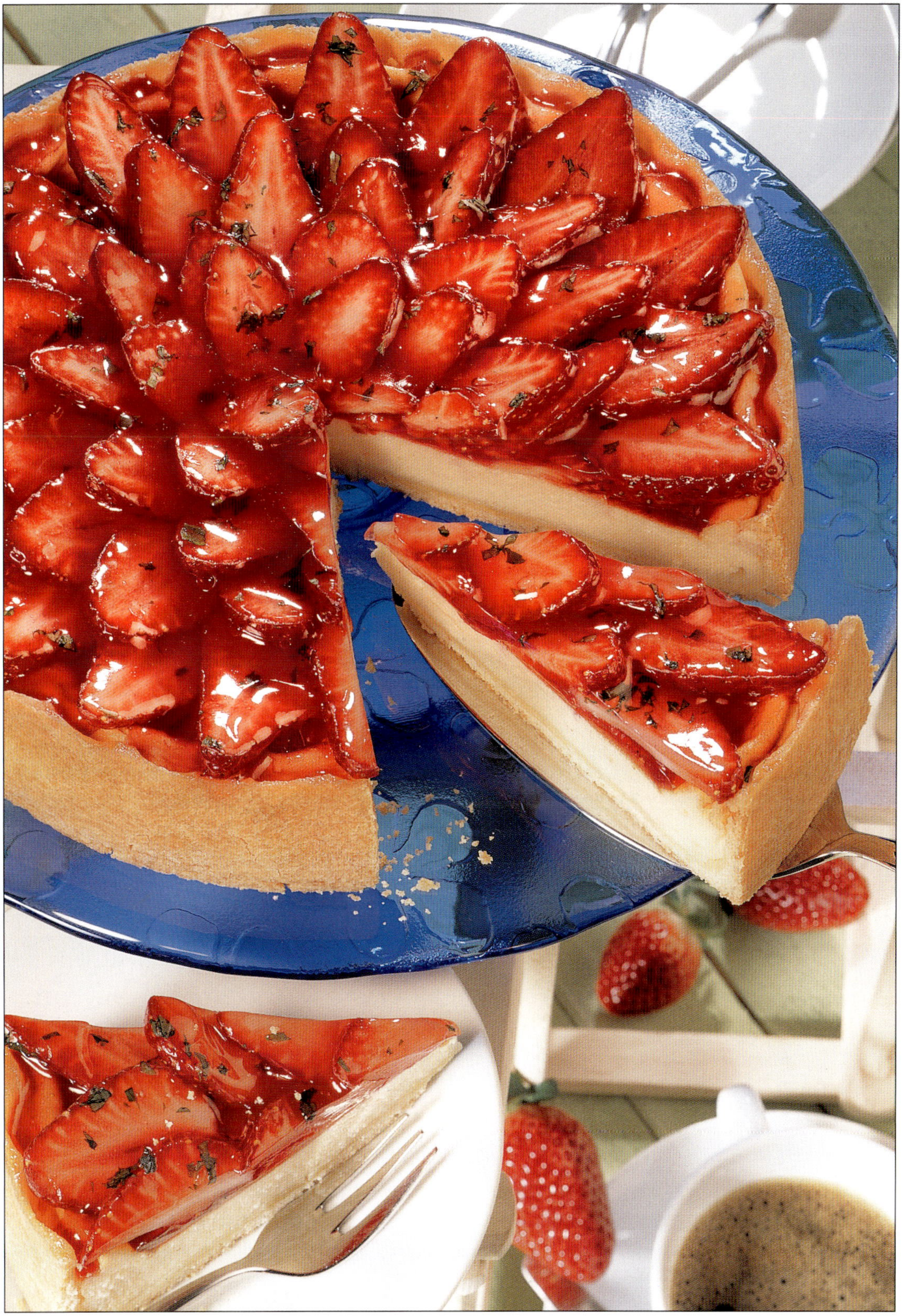

Käsekuchen mit gemischtem Obst

Fruchtig – für Kinder

Insgesamt:
E: 200 g, F: 240 g, Kh: 680 g, kJ: 24640, kcal: 5900

Für den Rührteig:
150 g weiche Butter oder Margarine
150 g Zucker
1 Pck. Dr. Oetker Vanillin-Zucker
1 Prise Salz
3 Eier (Größe M)
150 g Weizenmehl
2 gestr. TL Dr. Oetker Backin

Für die Käsemasse:
4 Eiweiß (Größe M)
4 Eigelb (Größe M)
125 g Zucker
2 Pck. Dr. Oetker Vanillin-Zucker
1 Pck. Dr. Oetker Pudding-Pulver Vanille-Geschmack
1 kg Magerquark
250 g Crème fraîche oder Schmand (Sauerrahm)

Für den Belag:
1 kg Fruchtcocktail aus Dosen

Für den Guss:
2 Pck. ungezuckerter Tortenguss, klar
20 g Zucker
500 ml (1/2 l) Fruchtsaft aus den Dosen

Zubereitungszeit: 45 Minuten, ohne Abkühlzeit
Backzeit: etwa 40 Minuten

1. Den Backofen vorheizen.
Ober-/Unterhitze: etwa 180 °C
Heißluft: etwa 160 °C

2. Für den Teig Butter oder Margarine mit Handrührgerät mit Rührbesen auf höchster Stufe geschmeidig rühren. Nach und nach Zucker, Vanillin-Zucker und Salz unterrühren. So lange rühren, bis eine gebundene Masse entstanden ist.

3. Die Eier nach und nach unterrühren (jedes Ei etwa 1/2 Minute). Das Mehl mit Backpulver mischen und auf mittlerer Stufe kurz unterrühren. Teig auf ein Backblech (30 x 40 cm, gefettet) geben und verstreichen.

4. Für die Käsemasse Eiweiß mit Handrührgerät mit Rührbesen auf höchster Stufe steif schlagen. Der Schnee muss so fest sein, dass ein Messerschnitt sichtbar bleibt. In einer anderen Schüssel Eigelb mit Zucker und Vanillin-Zucker gut verrühren. Pudding-Pulver, Quark und Crème fraîche oder Schmand hinzufügen und unterrühren. Eischnee unterheben. Die Käsemasse auf den Teig geben und glatt streichen. Backblech im unteren Drittel in den vorgeheizten Backofen schieben. Kuchen **etwa 40 Minuten backen.**

5. Das Backblech auf einen Kuchenrost stellen. Den Kuchen erkalten lassen. Einen Backrahmen um den Kuchen stellen.

6. Für den Belag Fruchtcocktail in einem Sieb abtropfen lassen. Den Saft dabei auffangen und evtl. mit Wasser auf 500 ml (1/2 l) auffüllen. Fruchtcocktail auf dem Kuchen verteilen.

7. Für den Guss aus Tortengusspulver, Zucker und Saft nach Packungsanleitung (aber mit den hier angegebenen Zutaten) einen Guss zubereiten. Den Guss auf den Früchten verteilen und fest werden lassen. Den Backrahmen vorsichtig mithilfe eines Messers lösen und entfernen.

Käsekuchen mit Sauerkirschen

Schnell

Insgesamt:
E: 142 g, F: 198 g, Kh: 478 g, kJ: 18107, kcal: 4349

Für die Quarkmasse:

7	*Eiweiß (Größe M)*
150 g	*Zucker*
500 g	*Magerquark*
500 g	*Crème fraîche*
100 g	*Zucker*
7	*Eigelb (Größe M)*
100 g	*Rosinen*
80 g	*Weichweizengrieß*
1 Pck.	*Dr. Oetker Bourbon-Vanille-Zucker*
350 g	*Sauerkirschen aus dem Glas*

Zubereitungszeit: 30 Minuten
Backzeit: etwa 45 Minuten

1. Den Backofen vorheizen.
Ober-/Unterhitze: etwa 200 °C

2. Für die Quarkmasse zunächst Eiweiß mit Zucker in eine Rührschüssel geben und mit Handrührgerät mit Rührbesen auf höchster Stufe steif schlagen. Der Schnee muss so fest sein, dass ein Messerschnitt sichtbar bleibt.

3. In einer anderen Schüssel Quark, Crème fraîche, Zucker, Eigelb, Rosinen, Grieß und Vanille-Zucker mit einem Schneebesen verrühren. Den Eischnee portionsweise unter die Quarkmasse heben.

4. Die Sauerkirschen in ein Sieb geben und abtropfen lassen. Die Hälfte der Quarkmasse in eine Springform (Ø 28 cm, Boden gefettet, mit Backpapier belegt) geben und glatt streichen. Die Sauerkirschen darauf verteilen. Restliche Quarkmasse daraufgeben und glatt streichen.

5. Die Form auf dem Rost auf der mittleren Einschubleiste in den vorgeheizten Backofen schieben. Den Kuchen **etwa 25 Minuten backen.** Dann die **Backofentemperatur auf etwa 150 °C herunterschalten** und den Kuchen **weitere etwa 20 Minuten backen.**

6. Den Kuchen auf einen Kuchenrost stellen und in der Form erkalten lassen.

Tipps: Mit Heißluft funktioniert es nicht. Statt der Sauerkirschen Mandarinen verwenden.

Käsekuchen mit Schokoguss

Für Kinder

Insgesamt:
E: 152 g, F: 159 g, Kh: 457 g, kJ: 16507, kcal: 3941

Für den Boden:
100 g Amarettini (ital. Mandelmakronen)
30 g Butter oder Margarine

Für die Füllung:
750 g Speisequark (20 % Fett i. Tr.)
4 Eigelb (Größe M)
1 Pck. Dr. Oetker Finesse Orangenschalen-Aroma
170 g gezuckerte Kondensmilch
40 g Speisestärke
4 Eiweiß (Größe M)
1 Prise Salz
20 g Zucker

Zum Bestreichen:
150 g Sauerkirschkonfitüre

Für den Guss:
150 g Edelbitter-Schokolade (60 % Kakaoanteil)
70 ml Wasser
40 g Zucker

Zubereitungszeit: 50 Minuten, ohne Abkühlzeit
Backzeit: etwa 60 Minuten

1. Den Backofen vorheizen.
Ober-/Unterhitze: etwa 180 °C
Heißluft: etwa 160 °C

2. Für den Boden Kekse in einen Gefrierbeutel geben. Den Beutel fest verschließen. Kekse mit einer Teigrolle fein zerbröseln und in eine Rührschüssel geben. Butter zerlassen, zu den Bröseln geben und gut verrühren. Die Bröselmasse in einer Springform (Ø 26 cm, Boden gefettet, mit Backpapier belegt) verteilen und mit einem Löffel fest andrücken.

3. Für die Füllung den Quark, Eigelb, Orangenschalen-Aroma, Kondensmilch und Speisestärke verrühren. Das Eiweiß mit Salz in einer Rührschüssel mit Handrührgerät mit Rührbesen auf höchster Stufe steif schlagen. Der Schnee muss so fest sein, dass ein Messerschnitt sichtbar bleibt. Nach und nach den Zucker kurz unterschlagen. Die Eischneemasse in 2 Portionen unter die Füllung heben.

4. Die Füllung auf den Bröselboden geben und glatt streichen. Die Form auf dem Rost in den vorgeheizten Backofen schieben. Den Kuchen **etwa 60 Minuten backen.**

5. Den Kuchen noch 15 Minuten im ausgeschalteten Backofen stehen lassen. Dann die Form herausnehmen und auf einen Kuchenrost stellen.

6. Zum Bestreichen Konfitüre pürieren oder durch ein Sieb streichen. In einem kleinen Topf unter Rühren aufkochen. Den Kuchen sofort mit der Konfitüre bestreichen und in der Form erkalten lassen.

7. Für den Guss Schokolade in Stücke brechen. Mit Wasser und Zucker in einem kleinen Topf unter Rühren bei mittlerer Hitze langsam zum Kochen bringen. Dann bei sehr schwacher Hitze unter Rühren 1–2 Minuten leicht kochen lassen. Topf von der Kochstelle nehmen. Den Guss etwas abkühlen lassen.

8. Den Kuchen aus der Form lösen. Den Guss als dicke Schicht nur auf der Oberfläche des Kuchens verteilen oder den Kuchen ganz mit dem Guss überziehen. Den Guss am besten über Nacht fest werden lassen.

Käsekuchen ohne Boden

Gut vorzubereiten – schnell

Insgesamt:
E: 145 g, F: 228 g, Kh: 260 g, kJ: 15789, kcal: 3769

Für die Quarkmasse:

6 Eiweiß (Größe M)
1 Prise Salz
200 g Schlagsahne
150 g weiche Butter
150 g Zucker
1 Pck. Dr. Oetker Vanillin-Zucker
1 Pck. Dr. Oetker Finesse Geriebene Zitronenschale
Saft von 2 Zitronen
6 Eigelb (Größe M)
750 g Magerquark
2 Pck. Dr. Oetker Pudding-Pulver Vanille-Geschmack

Zum Bestäuben:

etwas Puderzucker

Zubereitungszeit: 15 Minuten, ohne Abkühlzeit
Backzeit: etwa 70 Minuten

1. Den Backofen vorheizen.
Ober-/Unterhitze: etwa 180 °C
Heißluft: etwa 160 °C

2. Für die Quarkmasse Eiweiß mit Salz mit Handrührgerät mit Rührbesen auf höchster Stufe steif schlagen. Der Schnee muss so fest sein, dass ein Messerschnitt sichtbar bleibt. Restliche Zutaten in eine Rührschüssel geben und mit Handrührgerät mit Rührbesen zunächst auf niedrigster, dann auf höchster Stufe in etwa 2 Minuten zu einer geschmeidigen Masse verrühren.

3. Den Eischnee unterheben. Die Quarkmasse in eine Springform (Ø 26 cm, Boden gefettet) füllen und glatt streichen. Die Form auf dem Rost in den vorgeheizten Backofen schieben. Den Kuchen **etwa 70 Minuten backen. Nach etwa 50 Minuten Backzeit** den Kuchen mit Backpapier zudecken, damit die Oberfläche nicht zu stark bräunt.

4. Den gebackenen Kuchen noch etwa 30 Minuten im ausgeschalteten Backofen bei leicht geöffneter Backofentür stehen lassen. Anschließend herausnehmen und in der Form auf einem Kuchenrost erkalten lassen.

5. Den Kuchen am Rand mit Puderzucker bestäuben.

Käse-Sahne-Torte

Klassisch

Insgesamt:
E: 156 g, F: 276 g, Kh: 468 g, kJ: 21204, kcal: 5064

Für den Rührteig:

150 g weiche Butter oder Margarine
150 g Zucker
1 Pck. Dr. Oetker Vanillin-Zucker
1 Prise Salz
3 Eier (Größe M)
150 g Weizenmehl
1 gestr. TL Dr. Oetker Backin

Für die Füllung:

8 Blatt weiße Gelatine
750 g Magerquark
150 g Zucker
1 Pck. Dr. Oetker Vanillin-Zucker
100 ml Zitronensaft
1 Pck. Dr. Oetker Finesse Geriebene Zitronenschale
400 g Schlagsahne

Zum Bestäuben:

etwas Puderzucker

Zubereitungszeit: 45 Minuten, ohne Kühlzeit
Backzeit: 25–30 Minuten

1. Den Backofen vorheizen.
Ober-/Unterhitze: etwa 180 °C
Heißluft: etwa 160 °C

2. Für den Teig Butter oder Margarine mit Handrührgerät mit Rührbesen auf höchster Stufe geschmeidig rühren. Nach und nach Zucker, Vanillin-Zucker und Salz unterrühren. So lange rühren, bis eine gebundene Masse entstanden ist.

3. Die Eier nach und nach unterrühren (jedes Ei etwa 1/2 Minute). Das Mehl mit Backpulver mischen und auf mittlerer Stufe kurz unterrühren. Den Teig in eine Springform (Ø 26 cm, Boden gefettet) füllen und glatt streichen. Die Form auf dem Rost in den vorgeheizten Backofen schieben. Den Tortenboden **25–30 Minuten backen.**

4. Die Form auf einen Kuchenrost stellen. Den Tortenboden etwas abkühlen lassen. Dann vorsichtig aus der Form lösen und auf einem mit Backpapier belegten Kuchenrost erkalten lassen.

5. Den Tortenboden mit einem Sägemesser einmal waagerecht durchschneiden. Den unteren Boden auf eine Tortenplatte legen. Einen Tortenring oder den gesäuberten Springformrand darumstellen.

6. Für die Füllung Gelatine in kaltem Wasser nach Packungsanleitung einweichen. Quark mit Zucker, Vanillin-Zucker, Zitronensaft und -schale zu einer geschmeidigen Masse verrühren. Sahne steif schlagen. Gelatine leicht ausdrücken und in einem kleinen Topf bei schwacher Hitze unter Rühren auflösen.

7. Gelatine zunächst mit 4 Esslöffeln von der Quarkmasse verrühren, dann unter die restliche Quarkmasse rühren. Sahne kurz unterrühren. Die Quark-Sahne-Creme auf dem unteren Tortenboden verstreichen.

8. Dann den oberen Tortenboden in 12 Tortenstücke schneiden. Die Stücke auf die Creme legen und leicht andrücken. Die Torte mindestens 3 Stunden in den Kühlschrank stellen.

9. Den Tortenring oder den Springformrand vorsichtig lösen und entfernen. Die Torte vor dem Servieren mit Puderzucker bestäuben.

Tipp: Die Torte gut gekühlt servieren.

Käse-Sahne-Torte, zweifarbig

Fruchtig

Insgesamt:
E: 168 g, F: 295 g, Kh: 499 g, kJ: 22518, kcal: 5376

Für den All-in-Teig:

175 g Weizenmehl
3 gestr. TL Dr. Oetker Backin
175 g weiche Butter oder Margarine
175 g Zucker
1 Pck. Dr. Oetker Vanillin-Zucker
3 Eier (Größe M)
2 EL Orangensaft oder Wasser

Für die Creme:

8 Blatt weiße Gelatine
750 g Magerquark
1 Pck. Dr. Oetker Finesse Geriebene Zitronenschale
75 g Zucker
1 Pck. Dr. Oetker Vanillin-Zucker
240 g Aprikosenhälften aus der Dose
250 g Himbeeren
400 g Schlagsahne

Zum Bestäuben:

etwas Puderzucker

Zubereitungszeit: 50 Minuten, ohne Kühlzeit
Backzeit: etwa 30 Minuten

1. Den Backofen vorheizen.
Ober-/Unterhitze: etwa 180 °C
Heißluft: etwa 160 °C

2. Für den Teig das Mehl mit Backpulver in einer Rührschüssel mischen. Restliche Zutaten hinzufügen und alles mit Handrührgerät mit Rührbesen erst kurz auf niedrigster, dann auf höchster Stufe in etwa 2 Minuten zu einem glatten Teig verarbeiten.

3. Den Teig in eine Springform (Ø 26 cm, Boden gefettet, mit Backpapier belegt) füllen und anschließend glatt streichen. Die Form auf dem Rost in den vorgeheizten Backofen schieben. Den Gebäckboden **etwa 30 Minuten backen.**

4. Den Boden aus der Form lösen, auf einen mit Backpapier belegten Kuchenrost stürzen und erkalten lassen. Mitgebackenes Backpapier abziehen. Danach den Gebäckboden zweimal waagerecht durchschneiden.

5. Für die Creme die Gelatine in kaltem Wasser nach Packungsanleitung einweichen. Quark mit Zitronenschale, Zucker und Vanillin-Zucker verrühren.

6. Die Gelatine leicht ausdrücken und in einem kleinen Topf unter Rühren auflösen.

7. Die Gelatine mit 2–3 Esslöffeln von der Quarkmasse verrühren, dann unter die restliche Quarkmasse rühren.

8. Die Aprikosenhälften in einem Sieb gut abtropfen lassen. Himbeeren verlesen. Aprikosenhälften und Himbeeren voneinander getrennt fein pürieren. Die Quarkmasse halbieren. Unter jede Hälfte eine Sorte Fruchtpüree rühren.

9. Sahne steif schlagen und halbieren. Jeweils eine Sahneportion unter eine der beiden Quark-Frucht-Sorten heben.

10. Den unteren Gebäckboden auf eine Tortenplatte legen. Einen Tortenring oder den gesäuberten Springformrand darumstellen.

11. Die Himbeer-Quark-Creme daraufgeben und glatt streichen. Den mittleren Boden darauflegen. Die Aprikosen-Quark-Creme darauf verteilen und mit dem oberen Boden belegen, leicht andrücken.

12. Die Torte 2–3 Stunden in den Kühlschrank stellen. Den Tortenring oder Springformrand vorsichtig lösen und entfernen.

13. Die Torte vor dem Servieren mit Puderzucker bestäuben.

Tipps: Bestäuben Sie die Torte mithilfe einer Schablone und garnieren Sie die Tortenoberfläche mit Himbeeren. Um die Kerne zu entfernen, streichen Sie die Himbeeren durch ein Sieb, dann jedoch 50 g mehr Himbeeren verwenden.

Käse-Streusel-Tarte

Mit Alkohol

Insgesamt:
E: 86 g, F: 143 g, Kh: 300 g, kJ: 12478, kcal: 2981

Für die Quarkmasse:

1 Eiweiß (Größe M)
1 Pck. Dr. Oetker Vanillin-Zucker
1 Eigelb (Größe M)
120 g Zucker
200 g Doppelrahm-Frischkäse
300 g Magerquark
4 EL Amaretto (ital. Mandellikör)
30 g Speisestärke

Für die Streusel:

50 g Butter
70 g Weizenmehl
50 g gehackte Mandeln
40 g Zucker

Außerdem:

20 g Semmelbrösel für die Form

Zubereitungszeit: 30 Minuten, ohne Abkühlzeit
Backzeit: etwa 35 Minuten

1. Den Backofen vorheizen.
Ober-/Unterhitze: etwa 200 °C
Heißluft: etwa 180 °C

2. Für die Quarkmasse das Eiweiß mit Handrührgerät mit Rührbesen auf höchster Stufe steif schlagen. Der Schnee muss so fest sein, dass ein Messerschnitt sichtbar bleibt. Nach und nach Vanillin-Zucker kurz unterschlagen. In einer anderen Schüssel Eigelb mit Zucker, Frischkäse, Quark, Amaretto und Speisestärke gut verrühren. Eischnee unter die Quarkmasse heben.

3. Quarkmasse in eine Tarteform (Ø 28 cm, gefettet, mit Semmelbröseln ausgestreut) füllen, glatt streichen.

4. Für die Streusel Butter in einem Topf zerlassen und abkühlen lassen. Mehl in eine Rührschüssel geben. Mandeln, Zucker und Butter hinzufügen. Die Zutaten mit Handrührgerät mit Rührbesen zunächst kurz auf niedrigster, dann auf höchster Stufe zu Streuseln von gewünschter Größe verarbeiten.

5. Die Teigstreusel auf der Quarkmasse verteilen. Die Form auf dem Rost in den vorgeheizten Backofen schieben. Die Tarte **etwa 35 Minuten backen.**

6. Die Form auf einen Kuchenrost stellen. Die Tarte in der Form erkalten lassen.

Key-Lime-Pie mit Ricotta

Erfrischend

Insgesamt:
E: 109 g, F: 272 g, Kh: 627 g, kJ: 22725, kcal: 5433

Für den Streuselteig:

300 g Weizenmehl
50 g Zucker
1 Prise Salz
200 g kalte Butter
1 Eigelb (Größe M)

Für den Belag:

4–5 Bio-Limetten (unbehandelt, ungewachst)
5 Eigelb (Größe M)
150 g Zucker
200 g Ricotta (ital. Frischkäse)
170 g Kondensmilch (10 % Fett)
1 Pck. Saucenpulver Vanille-Geschmack zum Kochen

1 EL weiche Butter

Für die Baiserhaube:

6 Eiweiß (Größe M)
1 Prise Salz
150 g feiner Zucker
1 EL Speisestärke

Zubereitungszeit: 45 Minuten
Backzeit: etwa 60 Minuten

1. Den Backofen vorheizen.
Ober-/Unterhitze: etwa 180 °C
Heißluft: etwa 160 °C

2. Für den Teig das Mehl in eine Rührschüssel geben. Zucker, Salz, Butter und Eigelb hinzufügen. Die Zutaten mit Handrührgerät mit Knethaken zu Streuseln kneten. Die Streusel in eine Springform (Ø 26 cm, Boden gefettet, mit Backpapier belegt) geben. Aus den Streuseln einen Rand von 3 cm hochziehen. Streusel auf dem Boden und am Rand festdrücken. Die Form auf dem Rost in den vorgeheizten Backofen schieben. Den Boden **etwa 20 Minuten vorbacken.**

3. Die Form auf einen Kuchenrost stellen. Den Boden etwas abkühlen lassen.

4. Für den Belag die Limetten heiß waschen und trocken tupfen. Die Schale fein abreiben und den Saft auspressen. 125 ml (1/8 l) Limettensaft abmessen. Eigelb und Zucker in einer Rührschüssel mit Handrührgerät mit Rührbesen in 3–4 Minuten schaumig schlagen. Ricotta, Kondensmilch, Saucenpulver und die Limettenschale unterrühren. Den Limettensaft untermischen.

5. Den Springformrand oberhalb des Streuselteiges dünn mit weicher Butter bestreichen. Die Limettencreme auf den heißen Streuselboden gießen. Die Form wieder auf dem Rost in den vorgeheizten Backofen schieben. Kuchen **bei gleicher Backofeneinstellung weitere etwa 20 Minuten backen.**

6. Für die Baiserhaube inzwischen Eiweiß mit Salz mit Handrührgerät mit Rührbesen auf höchster Stufe steif schlagen. Der Schnee muss so fest sein, dass ein Messerschnitt sichtbar bleibt. Zucker in 4–5 Minuten unterschlagen. Speisestärke kurz unterrühren.

7. Den Kuchen aus dem Backofen nehmen und die **Backofentemperatur um etwa 10 °C herunterschalten.** Dann den Eischnee esslöffelweise auf die Limettencreme geben. Die Form wieder auf dem Rost in den vorgeheizten Backofen schieben. Den Kuchen **in etwa 20 Minuten fertig backen.**

8. Die Form auf einen Kuchenrost stellen. Key-Lime-Pie erkalten lassen.

Kirschkuchen mit Schmand

Für Gäste

Insgesamt:
E: 123 g, F: 241 g, Kh: 567 g, kJ: 22904, kcal: 4996

Für die Kirschmasse:

350 g Sauerkirschen aus dem Glas
250 ml (1/4 l) Kirschsaft aus dem Glas
30 g Speisestärke

Für den Knetteig:

250 g Weizenmehl
1 gestr. TL Dr. Oetker Backin
75 g Zucker
1 Prise Salz
1 Pck. Dr. Oetker Vanillin-Zucker
1 Ei (Größe M)
125 g Butter oder Margarine

Für den Belag:

3 Eiweiß (Größe M)
1 Prise Salz
200 g Schlagsahne
200 g Schmand (Sauerrahm)
400 g Magerquark
125 g Zucker
3 Eigelb (Größe M)
1 EL Zitronensaft
30 g Speisestärke

Zubereitungszeit: 45 Minuten, ohne Abkühlzeit
Backzeit: etwa 67 Minuten

1. Für die Kirschmasse Kirschen in einem Sieb abtropfen lassen, den Saft dabei auffangen und 250 ml (1/4 l) abmessen. Etwa 3 Esslöffel von dem Saft mit der Speisestärke anrühren.

2. Restlichen Saft in einem kleinen Topf zum Kochen bringen. Topf von der Kochstelle nehmen und die angerührte Speisestärke in den Saft rühren. Unter Rühren nochmals aufkochen lassen und anschließend die Kirschen unterrühren. Die Kirschmasse abkühlen lassen. Den Backofen vorheizen.
Ober-/Unterhitze: etwa 180 °C
Heißluft: etwa 160 °C

3. Für den Teig Mehl mit Backpulver in einer Rührschüssel mischen. Restliche Zutaten hinzufügen und mit Handrührgerät mit Knethaken zunächst kurz auf niedrigster, dann auf höchster Stufe gut durcharbeiten.

4. Dann den Teig auf der leicht bemehlten Arbeitsfläche kurz verkneten. Sollte er kleben, ihn in Folie gewickelt eine Zeit lang in den Kühlschrank legen.

5. Gut die Hälfte des Knetteiges auf dem Boden einer Springform (Ø 26 cm, Boden gefettet) ausrollen. Den Springformrand darumstellen. Die Form auf dem Rost in den vorgeheizten Backofen schieben. Den Boden **etwa 12 Minuten vorbacken.**

6. Die Form auf einen Kuchenrost stellen. Den Boden etwas abkühlen lassen.

7. Restlichen Teig zu einer langen Rolle formen, auf den vorgebackenen Boden legen und so an die Form drücken, dass ein etwa 4 cm hoher Rand entsteht.

8. Für den Belag zunächst das Eiweiß mit Salz mit Handrührgerät mit Rührbesen auf höchster Stufe steif schlagen. Der Schnee muss so fest sein, dass ein Messerschnitt sichtbar bleibt. Sahne ebenfalls steif schlagen. Schmand, Quark, Zucker, Eigelb, Zitronensaft und Speisestärke zu einer geschmeidigen Masse verrühren. Eischnee und Sahne vorsichtig unterheben.

9. Zunächst die Kirschmasse, danach die Schmand-Sahne-Creme auf den vorgebackenen Boden geben und glatt streichen. Die Form wieder auf dem Rost in den vorgeheizten Backofen schieben. Den Kuchen **bei gleicher Backofeneinstellung in etwa 55 Minuten fertig backen.** Kuchen **evtl. nach etwa 40 Minuten Backzeit** mit Backpapier belegen, damit die Oberfläche nicht zu dunkel wird.

10. Nach Ende der Backzeit den Käsekuchen noch etwa 15 Minuten im leicht geöffneten Backofen stehen lassen. Dann den Kuchen in der Form auf einem Kuchenrost erkalten lassen. Anschließend aus der Form lösen und auf eine Tortenplatte setzen.

Tipp: Gut schmeckt der Kuchen auch mit Pflaumen aus dem Glas.

Klecksel-Quark-Kuchen

Beliebt

Insgesamt:
E: 263 g, F: 327 g, Kh: 1236 g, kJ: 38003, kcal: 9079

Für den Hefeteig:

200 ml Milch
50 g Butter oder Margarine
375 g Weizenmehl
1 Pck. Dr. Oetker Trockenbackhefe
50 g Zucker
1 Pck. Dr. Oetker Vanillin-Zucker
1 Ei (Größe M)

Für die Quarkmasse:

80 g Butter oder Margarine
150 g Zucker
3 Eier (Größe M)
1 kg Magerquark
1 Pck. Dr. Oetker Pudding-Pulver Vanille-Geschmack
2 EL Milch
1 Pck. Dr. Oetker Finesse Geriebene Zitronenschale
1 Prise Salz

Für den Belag:

500 g backfertige Mohnfüllung
350 g Konfitüre, z. B. Sauerkirschkonfitüre

Für die Streusel:

200 g Weizenmehl
100 g Zucker
1 Pck. Dr. Oetker Vanillin-Zucker
125 g Butter

Zubereitungszeit: 50 Minuten, ohne Teiggehzeit
Backzeit: etwa 45 Minuten

1. Für den Teig Milch in einem kleinen Topf erwärmen und Butter oder Margarine darin zerlassen.

2. Mehl in eine Rührschüssel geben und mit Trockenbackhefe sorgfältig vermischen. Zucker, Vanillin-Zucker, Ei und die warme Milch-Fett-Mischung hinzufügen und die Zutaten mit Handrührgerät mit Knethaken zunächst auf niedrigster, dann auf höchster Stufe in etwa 5 Minuten zu einem glatten Teig verarbeiten.

3. Den Teig zugedeckt so lange an einem warmen Ort gehen lassen, bis er sich sichtbar vergrößert hat.

4. Den Teig leicht mit Mehl bestäuben und auf der leicht bemehlten Arbeitsfläche kurz durchkneten. Dann den Teig auf einem Backblech (30 x 40 cm, gefettet) ausrollen. Einen Backrahmen darumstellen.

5. Den Teig nochmals an einem warmen Ort gehen lassen, bis er sich sichtbar vergrößert hat.

6. Den Backofen vorheizen.
Ober-/Unterhitze: etwa 180 °C
Heißluft: etwa 160 °C

7. Für die Quarkmasse die Butter oder Margarine mit Handrührgerät mit Rührbesen schaumig rühren.

8. Zucker, Eier, Quark, Pudding-Pulver, Milch, Zitronenschale und Salz nach und nach unterrühren. So lange rühren, bis eine cremige Masse entstanden ist.

9. Die Quarkmasse auf den Teigboden geben und glatt streichen.

10. Für den Belag die Mohnfüllung und die Konfitüre abwechselnd in Häufchen auf die Quarkmasse setzen.

11. Für die Streusel Mehl in eine Rührschüssel geben. Zucker, Vanillin-Zucker und Butter hinzufügen.

12. Die Zutaten mit Handrührgerät mit Rührbesen zunächst kurz auf niedrigster, dann auf höchster Stufe zu Streuseln von gewünschter Größe verarbeiten. Die Streusel anschließend auf dem Mohn-Konfitüre-Belag verteilen.

13. Das Backblech in den vorgeheizten Backofen schieben. Den Kuchen **etwa 45 Minuten backen.**

14. Den Kuchen auf dem Backblech auf einen Kuchenrost stellen und erkalten lassen. Den Backrahmen entfernen.

Kokoskuchen mit Quark

Einfach

Insgesamt:
E: 158 g, F: 410 g, Kh: 696 g, kJ: 29988, kcal: 7163

Für den Knetteig:

300 g Weizenmehl
2 gestr. TL Dr. Oetker Backin
100 g Zucker
2 Eier (Größe M)
125 g Butter oder Margarine

Für die Quarkmasse:

500 g Magerquark
2 Eier (Größe M)
100 g Zucker
1 Pck. Dr. Oetker Vanillin-Zucker
1 Pck. Dr. Oetker Pudding-Pulver Vanille-Geschmack
1 TL Zitronensaft
1 Prise Salz

Für den Kokosbelag:

150 g Butter
100 g Zucker
1 Pck. Dr. Oetker Vanillin-Zucker
200 g Kokosraspel
3 Eigelb (Größe M)
3 Eiweiß (Größe M)
1 Prise Salz

Für den Guss:

100 g Puderzucker
2–3 EL Zitronensaft

Zubereitungszeit: 30 Minuten, ohne Abkühlzeit
Backzeit: etwa 35 Minuten

1. Für den Teig das Mehl mit Backpulver in einer Rührschüssel mischen. Restliche Zutaten hinzufügen und mit Handrührgerät mit Knethaken zunächst kurz auf niedrigster, dann auf höchster Stufe gut durcharbeiten. Anschließend den Teig auf der leicht bemehlten Arbeitsfläche kurz verkneten und zu einer Rolle formen. Sollte er kleben, ihn in Folie gewickelt eine Zeit lang in den Kühlschrank legen.

2. Den Teig in einem tiefen Backblech oder einer Fettpfanne (30 x 40 cm, gefettet) ausrollen. Den Backofen vorheizen.
Ober-/Unterhitze: etwa 180 °C
Heißluft: etwa 160 °C

3. Für die Quarkmasse alle Zutaten nach und nach mit Handrührgerät mit Rührbesen zu einer cremigen Masse verrühren. Die Quarkmasse auf den Teigboden geben und glatt streichen.

4. Für den Kokosbelag Butter in einem Topf zerlassen. Nach und nach Zucker und Vanillin-Zucker unterrühren und auflösen. Kokosraspel unterrühren und die Kokosmasse etwas abkühlen lassen. Dann das Eigelb unterrühren. Das Eiweiß mit Salz mit Handrührgerät mit Rührbesen auf höchster Stufe steif schlagen. Der Schnee muss so fest sein, dass ein Messerschnitt sichtbar bleibt. Den Eischnee unterheben. Die Kokosmasse auf der Quarkmasse verteilen.

5. Dann das Backblech in den vorgeheizten Backofen schieben. Den Kuchen **etwa 35 Minuten backen.**

6. Das Backblech auf einen Kuchenrost stellen und den Kuchen darauf erkalten lassen.

7. Für den Guss Puderzucker mit Zitronensaft zu einem Guss verrühren. Den noch warmen Kuchen damit besprenkeln oder mithilfe eines Backpinsels bestreichen. Den Kuchen erkalten lassen.

Tipps: Wenn Sie kein tiefes Backblech bzw. keine Fettpfanne haben, können Sie auch einen Backrahmen um den Teig stellen. Der Kuchen ist gefriergeeignet. Zusätzlich können Sie nach Belieben noch 50 g Rosinen unter die Quarkmasse heben.

Lemon-Ricotta-Cheesecake

Erfrischend

Insgesamt:
E: 116 g, F: 241 g, Kh: 375 g, kJ: 17440, kcal: 4163

Für den Boden:

150 g Cantuccini (ital. Mandelgebäck)
100 g Butter

Für die Füllung:

1 Bio-Zitrone (unbehandelt, ungewachst)
4 Eiweiß (Größe M)
150 g Zucker
1 Prise Salz
750 g Ricotta (ital. Frischkäse)
4 Eigelb (Größe M)

Für den Belag:

2–3 Bio-Zitronen (unbehandelt, ungewachst)
100 g Puderzucker
50 ml Wasser

Zubereitungszeit: 50 Minuten, ohne Kühlzeit
Backzeit: etwa 30 Minuten

1. Für den Boden Cantuccini in einen Gefrierbeutel geben. Den Beutel fest verschließen. Die Kekse mit einer Teigrolle fein zerbröseln und in eine Rührschüssel geben. Butter zerlassen und zu den Bröseln geben. Die Brösel-Butter-Masse gut vermischen.

2. Die Bröselmasse in eine Springform (Ø 22 cm, gefettet, mit Backpapier belegt) geben und mit einem Löffel fest zu einem Boden andrücken. Den Boden für mindestens 10 Minuten in den Kühlschrank stellen.

3. Den Backofen vorheizen.
Ober-/Unterhitze: etwa 190 °C
Heißluft: etwa 170 °C

4. Für die Füllung die Zitrone gründlich waschen und trocken tupfen. Die Schale fein abreiben und den Saft auspressen. Eiweiß mit Zucker und Salz mit Handrührgerät mit Rührbesen auf höchster Stufe steif schlagen. Der Schnee muss so fest sein, dass ein Messerschnitt sichtbar bleibt.

5. Ricotta mit Eigelb, Zitronenschale und 4 Esslöffeln Zitronensaft mit einem Schneebesen gut verrühren. Eischnee vorsichtig unter die Ricotta-Masse heben.

6. Den Belag in die Springform füllen, glatt streichen.

7. Die Springform auf dem Rost im unteren Drittel in den vorgeheizten Backofen schieben. Den Cheesecake **etwa 20 Minuten backen.**

8. In der Zwischenzeit für den Belag die Zitronen gründlich waschen, trocken tupfen und in Scheiben schneiden.

9. Den Puderzucker in einer Pfanne bei mittlerer Hitze goldbraun schmelzen lassen, dabei ab und zu umrühren. Mit Wasser ablöschen und weiterkochen lassen, bis sich der Zucker vollständig gelöst hat.

10. Die Pfanne von der Kochstelle nehmen und die Zitronenscheiben in den heißen Karamellsirup legen.

11. Die Form kurz aus dem Backofen nehmen und auf einen Kuchenrost stellen. Die Zitronenscheiben rund um den Cheesecake legen (den restlichen Karamellsirup aufheben).

12. Anschließend den Cheesecake wieder in den vorgeheizten Backofen schieben und **bei gleicher Backofeneinstellung in etwa 10 Minuten fertig backen.**

13. Die Form auf einen Kuchenrost stellen und den Cheesecake in der Form vollständig auskühlen lassen. Kuchen vorsichtig aus der Form lösen und mindestens 4 Stunden in den Kühlschrank stellen.

14. Vor dem Servieren die Zitronenscheiben mit dem restlichen Karamellsirup bepinseln.

Tipp: Die Zitronen lassen sich mit einer Brotmaschine gut in gleichmäßig dicke Scheiben schneiden.

Limetten-Kokos-Käsekuchen

Einfach

Insgesamt:
E: 196 g, F: 237 g, Kh: 510 g, kJ: 21213, kcal: 5070

Für den Streuselteig:
250 g Weizenmehl
100 g Zucker
1 Prise Salz
1 Pck. Dr. Oetker Vanillin-Zucker
125 g Butter oder Margarine
1 EL Milch

Zum Bestreuen für den Teigboden:
4 EL Kokosraspel

Für die Quarkcreme:
3 Bio-Limetten (unbehandelt, ungewachst)
5 Eiweiß (Größe M)
50 g weiche Butter
4 EL Schlagsahne
150 g Zucker
1 Prise Salz
1 Pck. Dr. Oetker Pudding-Pulver Vanille-Geschmack
5 Eigelb (Größe M)
1 kg Magerquark

Zum Bestreuen:
4 EL Kokosraspel

Zubereitungszeit: 50 Minuten
Backzeit: 60–70 Minuten

1. Für den Teig das Mehl in eine Rührschüssel geben. Zucker, Salz, Vanillin-Zucker, Butter oder Margarine und Milch hinzufügen. Die Zutaten mit Handrührgerät mit Rührbesen zunächst kurz auf niedrigster, dann auf höchster Stufe zu Streuseln von gewünschter Größe verarbeiten.

2. Danach zwei Drittel der Streusel auf dem Boden einer Springform (Ø 26 cm, gefettet) verteilen und mit einem Löffel zu einem Boden andrücken. Kokosraspel auf den Teigboden streuen.

3. Den Backofen vorheizen.
Ober-/Unterhitze: etwa 180 °C
Heißluft: etwa 160 °C

4. Für die Creme die Limetten heiß waschen und trocken tupfen. Schale abreiben und Saft auspressen. Eiweiß mit Handrührgerät mit Rührbesen auf höchster Stufe steif schlagen. Der Schnee muss so fest sein, dass ein Messerschnitt sichtbar bleibt. In einer anderen Schüssel Limettenschale und 4–5 Esslöffel Limettensaft mit Butter, Sahne, Zucker und Salz glatt rühren. Pudding-Pulver, Eigelb und Quark dazugeben. Zutaten zu einer geschmeidigen Masse verrühren.

5. Eischnee unter die Quarkcreme heben. Die Quarkcreme auf den Teigboden geben und glatt streichen. Restliche Streusel mit Kokosraspeln mischen und auf die Creme streuen. Die Form auf dem Rost in den vorgeheizten Backofen schieben. Den Käsekuchen **60–70 Minuten backen.**

6. Den Kuchen etwa 10 Minuten im ausgeschalteten Backofen stehen lassen. Die Form auf einen Kuchenrost stellen. Kuchen in der Form erkalten lassen.

Tipp: Sie können den Kuchen auch mit Orangenschale und -saft zubereiten. Verwenden Sie dafür dann 2 ungewachste und unbehandelte Bio-Orangen. Reiben Sie die Schale von 1½ Orangen ab und pressen Sie die Früchte aus. Die geriebene Schale und 4–5 Esslöffel Saft wie im Rezept beschrieben in die Quarkcreme geben.

Mandarinen-Frischkäse-Kuchen

Erfrischend – ohne zu backen

Insgesamt:
E: 73 g, F: 304 g, Kh: 401 g, kJ: 19813, kcal: 4733

Für die Frischkäsemasse:

200 ml kaltes Wasser
1 Beutel aus
1 Pck. Götterspeise Zitronen-Geschmack
200 g Doppelrahm-Frischkäse
150 g Zucker

Für den Boden:

200 g Löffelbiskuits
120 g Butter oder Margarine

Außerdem:

480 g Mandarinen aus der Dose
400 g Schlagsahne
Saft von
2 Zitronen

Zubereitungszeit: 40 Minuten, ohne Kühlzeit

1. Für die Frischkäsemasse Wasser in einen Topf gießen. Die Götterspeise unter Rühren einstreuen. 2 Minuten beiseitestellen und quellen lassen. Bei schwacher Hitze die Götterspeise auflösen (nicht kochen).

2. Den Frischkäse und Zucker in eine Rührschüssel geben und mit einem Teigschaber glatt rühren. Die erhitzte, aufgelöste Götterspeise portionsweise mit einem Schneebesen unter den Frischkäse rühren. Die Frischkäsecreme in den Kühlschrank stellen, bis sie anfängt dicklich zu werden.

3. Für den Boden in der Zwischenzeit die Löffelbiskuits in einen Gefrierbeutel geben. Den Beutel fest verschließen. Biskuits mit einer Teigrolle fein zerbröseln und in eine Schüssel geben. Die Butter in einem Topf zerlassen und unter die Brösel mischen. Die Brösel in einer Springform (Ø 26 cm, Boden gefettet, mit Backpapier belegt) verteilen und mit einem Löffel fest andrücken.

4. Mandarinen in ein Sieb geben und gut abtropfen lassen. Sahne steif schlagen. Die gelierende Frischkäsecreme mit einem Schneebesen glatt rühren. Den Zitronensaft unterrühren. Nochmals 2–3 Minuten in den Kühlschrank stellen. Die geschlagene Sahne portionsweise unter die Creme heben. Die abgetropften Mandarinen unterheben.

5. Die Zitronencreme auf dem Boden verteilen. Torte mindestens 4 Stunden in den Kühlschrank stellen.

Mandarinen-Käsekuchen

Einfach

Insgesamt:
E: 88 g, F: 124 g, Kh: 262 g, kJ: 10681, kcal: 2547

Zum Vorbereiten:
175 g Mandarinen aus der Dose

Für den Teig:
2 Eiweiß (Größe M)
125 g weiche Butter oder Margarine
100 g Zucker
1 Pck. Dr. Oetker Vanillin-Zucker
1 Pck. Dr. Oetker Finesse Orangenschalen-Aroma
2 Eigelb (Größe M)
500 g Magerquark
50 g Maisgrieß
3 EL Zitronensaft
1 Pck. Käsekuchenhilfe

Außerdem:
etwas Maisgrieß für die Form

Zubereitungszeit: 30 Minuten, ohne Abkühlzeit
Backzeit: etwa 55 Minuten

1. Zum Vorbereiten die Mandarinen in einem Sieb gut abtropfen lassen. 8–10 Stück zum Garnieren beiseitelegen. Den Backofen vorheizen.
Ober-/Unterhitze: etwa 180 °C
Heißluft: etwa 160 °C

2. Für den Teig Eiweiß mit Handrührgerät mit Rührbesen auf höchster Stufe steif schlagen. Der Schnee muss so fest sein, dass ein Messerschnitt sichtbar bleibt. In einer anderen Schüssel Butter oder Margarine mit Handrührgerät mit Rührbesen geschmeidig rühren. Nach und nach Zucker, Vanillin-Zucker, Orangenschalen-Aroma und Eigelb unter Rühren hinzufügen. Quark unterrühren.

3. Mandarinen mit Grieß mischen und abwechselnd mit Zitronensaft unter die Quarkmasse rühren. Käsekuchenhilfe unterrühren. Eischnee vorsichtig unter die Masse heben.

4. Die Masse in eine Gugelhupfform (Ø 18 cm, gefettet, mit Maisgrieß ausgestreut) füllen und glatt streichen (die Form ist gut gefüllt). Die Form auf dem Rost in den vorgeheizten Backofen schieben. Den Kuchen **etwa 55 Minuten backen.**

5. Den Kuchen nach dem Backen etwa 15 Minuten in der Form stehen lassen. Anschließend auf einen mit Backpapier belegten Kuchenrost stürzen und erkalten lassen.

6. Vor dem Servieren den Kuchen mit den beiseitegelegten Mandarinen garnieren.

Tipps: Den Kuchen nach dem Erkalten kalt gestellt aufbewahren. Genießen Sie den Kuchen lauwarm mit Vanillesauce, der Sie nach Belieben etwas Cointreau (Orangenlikör) hinzufügen können.

Mandarinen-Quark-Sahne-Schnitten

Erfrischend

Insgesamt:
E: 168 g, F: 216 g, Kh: 720 g, kJ: 23016, kcal: 5496

Für den Biskuitteig:
(den Biskuit 2 x zubereiten, die Zutaten verdoppeln)

4 Eier (Größe L)
80 g Zucker
1 Prise Salz
90 g Weizenmehl

Für die Füllung:

480 g Mandarinen aus der Dose
500 g Magerquark
160 g Zucker
1 Pck. Dr. Oetker Bourbon-Vanille-Zucker
1 Bio-Orange (unbehandelt, ungewachst)
500 g Schlagsahne

Zum Garnieren:

100 g Zucker

Zubereitungszeit: 45 Minuten, ohne Kühlzeit
Backzeit: etwa 12 Minuten je Backblech

1. Den Backofen vorheizen.
Ober-/Unterhitze: etwa 180 °C
Heißluft: etwa 160 °C

2. Für den Teig Eier mit Handrührgerät mit Rührbesen auf höchster Stufe in etwa 1 Minute schaumig schlagen. Zucker und Salz mischen, in etwa 1 Minute einstreuen, dann noch etwa 2 Minuten weiterschlagen.

3. Mehl auf die Eiercreme geben und kurz auf niedrigster Stufe unterrühren.

4. Teig auf ein Backblech (30 x 40 cm, gefettet, mit Backpapier belegt) geben und glatt streichen.

5. Backblech in den vorgeheizten Backofen schieben. Biskuitplatte **etwa 12 Minuten goldbraun backen.**

6. Zweiten Teig ebenso zubereiten und backen. Die Biskuitplatten jeweils auf ein mit Zucker bestreutes Backpapier stürzen und erkalten lassen. Mitgebackenes Backpapier vorsichtig abziehen. Eine Biskuitplatte auf eine Servierplatte legen.

7. Für die Füllung Mandarinen in einem Sieb abtropfen lassen. Quark in eine große Rührschüssel geben. Zucker mit Vanille-Zucker mischen und unterrühren. Die Orange heiß abwaschen, trocken tupfen und die Schale abreiben. Orange halbieren und den Saft auspressen. Orangenschale unter den Quark rühren.

8. Sahne steif schlagen und unter die Quarkmasse ziehen. Mandarinen unterheben. Die Quark-Sahne-Creme auf der Biskuitplatte (Servierplatte) verteilen und glatt streichen. Die zweite Biskuitplatte darauflegen und mit Orangensaft beträufeln. Den Mandarinen-Quark-Sahne-Kuchen mindestens 3 Stunden in den Kühlschrank stellen.

9. Zum Garnieren den Zucker kurz vor dem Servieren in einen Topf geben und bei mittlerer Hitze karamellisieren. Die obere Biskuitplatte mit dem Karamell dünn beträufeln. Den Mandarinen-Quark-Sahne-Kuchen mit einem Elektromesser in 5 x 10 cm große Stücke schneiden.

Tipps: Den Karamell erst kurz vor dem Servieren zubereiten. Er lässt sich schlecht vorbereiten, da er sich nach kurzer Zeit auflöst. Anstelle des Karamells können die Schnitten auch mit Puderzucker bestäubt werden. Die Schnitten eignen sich ohne Garnitur sehr gut zum Einfrieren.

Mango-Birnen-Tarte

Fruchtig

Insgesamt:
E: 62 g, F: 232 g, Kh: 358 g, kJ: 15786, kcal: 3771

Zum Vorbereiten:
100 g abgezogene, gemahlene Mandeln

Für den All-in-Teig:
80 g Weizenmehl
1 gestr. TL Dr. Oetker Backin
100 g Zucker
1 gestr. TL Dr. Oetker Finesse Geriebene Zitronenschale
1 Prise Salz
1 Ei (Größe M)
120 g weiche Butter oder Margarine
2 EL Milch

Für den Belag:
460 g Birnenhälften aus der Dose
250 g Mangoscheiben aus der Dose
200 g Doppelrahm-Frischkäse
1 EL Puderzucker
4 EL Zitronensaft
1 Pck. ungezuckerter Tortenguss, klar
200 ml Birnen- und Mangosaft aus den Dosen

Zubereitungszeit: 40 Minuten, ohne Abkühlzeit
Backzeit: 15–20 Minuten

1. Zum Vorbereiten Mandeln in einer Pfanne ohne Fett goldbraun rösten, auf einen Teller geben und erkalten lassen. Den Backofen vorheizen.
Ober-/Unterhitze: etwa 180 °C
Heißluft: etwa 160 °C

2. Für den Teig Mehl mit Backpulver in einer Rührschüssel mischen. Die restlichen Zutaten hinzufügen und mit Handrührgerät mit Rührbesen erst kurz auf niedrigster, dann auf höchster Stufe in etwa 2 Minuten zu einem glatten Teig verarbeiten. Den Teig in eine Obstbodenform (Ø 30 cm, gefettet) geben und glatt streichen. Die Form auf dem Rost in den vorgeheizten Backofen schieben. Tortenboden **15–20 Minuten backen.**

3. Die Form auf einen Kuchenrost stellen. Den Tortenboden etwa 10 Minuten in der Form stehen lassen. Anschließend auf einen mit Backpapier belegten Kuchenrost stürzen und erkalten lassen. Den Boden auf eine Tortenplatte legen.

4. Für den Belag Birnenhälften und Mangoscheiben getrennt in je einem Sieb abtropfen lassen. Den Saft dabei auffangen und je 100 ml davon abmessen. Den Frischkäse mit Puderzucker und 1 Esslöffel Zitronensaft gut verrühren. Die Frischkäsemasse auf dem Tortenboden verteilen.

5. Birnenhälften in Spalten scheiden. Mangoscheiben längs in Streifen schneiden. Birnenspalten und Mangostreifen abwechselnd kreisförmig auf den Tortenboden legen.

6. Tortengusspulver mit etwas von dem aufgefangenen Saft anrühren. Den restlichen Birnen- und Mangosaft in einen Topf geben, restlichen Zitronensaft hinzugeben und zum Kochen bringen. Angerührtes Tortengusspulver unter Rühren in den von der Kochstelle genommenen Saft rühren. Unter Rühren nochmals kurz aufkochen lassen.

7. Den Guss mit einem Esslöffel von der Mitte aus auf dem Obst verteilen. Den Guss fest werden lassen.

Marmorierter Käsekuchen ohne Boden

Für Kinder – schnell

Insgesamt:
E: 122 g, F: 120 g, Kh: 255 g, kJ: 10724, kcal: 2558

Für die Quarkmasse:

2 Eier (Größe M)
80 g Zucker
1 EL Zitronensaft
1 Pck. Dr. Oetker Pudding-Pulver Vanille-Geschmack
750 g Magerquark
250 g Mascarpone (ital. Frischkäse)
125 g Fruchtaufstrich Himbeere oder Himbeerkonfitüre

Zubereitungszeit: 15 Minuten
Backzeit: etwa 60 Minuten

1. Den Backofen vorheizen.
Ober-/Unterhitze: etwa 180 °C
Heißluft: etwa 160 °C

2. Für die Quarkmasse Eier mit Zucker und Zitronensaft mit Handrührgerät mit Rührbesen in etwa 1 Minute schaumig schlagen. Das Pudding-Pulver unterrühren. Den Quark und Mascarpone hinzufügen und ebenfalls unterrühren.

3. Die Masse in eine Springform (Ø 26 cm, Boden gefettet) füllen und glatt streichen. Den Fruchtaufstrich oder die Konfitüre mit einem Löffel auf der Quarkmasse verteilen. Mithilfe einer Gabel den Fruchtaufstrich oder die Konfitüre spiralförmig unter die Quarkmasse ziehen. Die Form auf dem Rost im unteren Drittel in den vorgeheizten Backofen schieben. Den Kuchen **etwa 60 Minuten backen.**

4. Den Kuchen noch etwa 10 Minuten im ausgeschalteten Backofen bei leicht geöffneter Backofentür stehen lassen. Erst dann herausnehmen und in der Form auf einem Kuchenrost erkalten lassen. Anschließend aus der Springform lösen. Den Kuchen auf eine Tortenplatte setzen.

Tipp: Nach Belieben den Kuchen am Rand mit etwas Puderzucker bestäuben.

Mascarpone-Mango-Torte

Exotisch

Insgesamt:
E: 64 g, F: 266 g, Kh: 425 g, kJ: 18463, kcal: 4405

Für den Biskuitteig:
3 Eier (Größe M)
1 EL heißes Wasser
100 g Zucker
1 Pck. Dr. Oetker Finesse Geriebene Zitronenschale
50 ml Speiseöl
100 g Weizenmehl
1 gestr. TL Dr. Oetker Backin
50 g abgezogene, gemahlene Mandeln

Für den Belag:
450 g Mangoscheiben aus Dosen
1 Pck. ungezuckerter Tortenguss, klar
2 gestr. EL Zucker
225 ml Mangosaft aus den Dosen
1 EL Zitronensaft
75 ml Wasser
4 Blatt weiße Gelatine
250 g Mascarpone (ital. Frischkäse)
5 EL Karamellsirup
200 g Schlagsahne

Zum Garnieren:
einige Melisseblättchen

Zubereitungszeit: 80 Minuten, ohne Kühlzeit
Backzeit: etwa 25 Minuten

1. Den Backofen vorheizen.
Ober-/Unterhitze: etwa 200 °C
Heißluft: etwa 180 °C

2. Für den Teig Eier und Wasser mit Handrührgerät mit Rührbesen auf höchster Stufe in etwa 1 Minute schaumig schlagen. Zucker in etwa 1 Minute einstreuen, dann noch etwa 2 Minuten weiterschlagen.

3. Zitronenschale und Speiseöl vorsichtig unterrühren. Mehl mit Backpulver mischen, die Hälfte davon auf die Eiercreme geben und kurz auf niedrigster Stufe unterrühren. Restliches Mehlgemisch und die Mandeln auf die gleiche Weise unterarbeiten.

4. Den Teig in eine Springform (Ø 26 cm, Boden gefettet, mit Backpapier belegt) geben und glatt streichen. Die Form auf dem Rost in den vorgeheizten Backofen schieben. Biskuitboden **etwa 25 Minuten backen.**

5. Die Form auf einen Kuchenrost stellen. Den Biskuitboden nach etwa 10 Minuten vorsichtig aus der Form lösen und auf einen mit Backpapier belegten Kuchenrost stürzen. Das mitgebackene Backpapier abziehen. Den Biskuitboden mindestens 2 Stunden abkühlen lassen.

6. Für den Belag die Mangoscheiben in einem Sieb gut abtropfen lassen, den Saft dabei auffangen und 225 ml abmessen. 3 Mangoscheiben beiseitestellen. Restliche Mangoscheiben fein würfeln.

7. Aus Tortenguss, Zucker, 150 ml Mangosaft, Zitronensaft und Wasser nach Packungsanleitung (aber mit den hier angegebenen Zutaten) einen Guss zubereiten. Die Mangowürfel unterheben. Die Masse etwas abkühlen lassen.

8. Den Biskuitboden auf eine Tortenplatte legen. Einen Tortenring oder den gesäuberten Springformrand darumstellen. Die Mangomasse auf dem Tortenboden verteilen und in den Kühlschrank stellen.

9. Gelatine in kaltem Wasser nach Packungsanleitung einweichen. Gelatine leicht ausdrücken und in einem kleinen Topf unter Rühren auflösen. Gelatine leicht abkühlen lassen. Vom restlichen Mangosaft 5 Esslöffel abmessen und unterrühren.

10. Mascarpone und den Sirup mit Handrührgerät mit Rührbesen cremig aufschlagen. Die Mango-Gelatine-Flüssigkeit unterrühren. Die Sahne steif schlagen und unterheben.

11. Die Mascarpone-Creme auf der Mangomasse verteilen und mit einem Esslöffel wellenartig verstreichen. Die Torte anschließend etwa 3 Stunden in den Kühlschrank stellen.

12. Zum Garnieren Tortenring oder Springformrand vorsichtig lösen und entfernen. Die beiseitegestellten Mangoscheiben in Spalten schneiden. Die Torte mit den Mangospalten und einigen Melisseblättchen garnieren.

Tipps: Besonders fruchtig schmeckt die Creme, wenn Sie anstelle des Karamellsirups einen Limettensirup verwenden. Sie können den Biskuitboden bereits einen Tag vorher zubereiten. Er eignet sich auch zum Einfrieren.

Mirabellen-Quark-Tarte

Fruchtig

Insgesamt:
E: 110 g, F: 265 g, Kh: 469 g, kJ: 20003, kcal: 4778

Für den Streuselteig:
200 g Weizenmehl
2 gestr. TL Dr. Oetker Backin
50 g gehackte Mandeln
70 g Zucker
1 Pck. Dr. Oetker Vanillin-Zucker
1 Eigelb (Größe M)
125 g Butter oder Margarine

Für die Füllung:
1 Bio-Orange (unbehandelt, ungewachst)
100 g weiche Butter
150 g Zucker
500 g Speisequark (20 % Fett i. Tr.)
2 Eier (Größe M)

Für den Belag:
500 g frische Mirabellen
1 EL Zucker

Zubereitungszeit: 40 Minuten, ohne Abkühlzeit
Backzeit: etwa 65 Minuten

1. Den Backofen vorheizen.
Ober-/Unterhitze: etwa 180 °C
Heißluft: etwa 160 °C

2. Für den Teig Mehl mit Backpulver in einer Rührschüssel mischen. Mandeln, Zucker, Vanillin-Zucker, Eigelb und Butter oder Margarine hinzufügen. Die Zutaten mit Handrührgerät mit Rührbesen zunächst kurz auf niedrigster, danach auf höchster Stufe zu Streuseln von gewünschter Größe verarbeiten.

3. Dann die Hälfte der Teigstreusel in eine Springform (Ø 26 cm, gefettet) geben und mit einem Löffel zu einem Boden andrücken.

4. Die Form auf dem Rost in den vorgeheizten Backofen schieben. Boden **etwa 15 Minuten vorbacken.**

5. Die Form auf einen Kuchenrost stellen. Den Boden etwas abkühlen lassen.

6. Für die Füllung Orange heiß abwaschen, trocken tupfen und die Schale abreiben. Butter und Zucker in einer Rührschüssel mit Handrührgerät mit Rührbesen geschmeidig rühren. Quark, Eier und Orangenschale unterrühren.

7. Für den Belag Mirabellen waschen, abtropfen lassen, entstielen, halbieren und entsteinen.

8. Die Quarkmasse auf den vorgebackenen Boden geben und glatt streichen. Mirabellenhälften darauflegen. Restliche Teigstreusel darauf verteilen und mit Zucker bestreuen.

9. Die Form wieder auf dem Rost in den vorgeheizten Backofen schieben. Die Tarte **bei gleicher Backofeneinstellung in etwa 50 Minuten fertig backen.**

10. Die Form auf einen Kuchenrost stellen. Die Tarte in der Form erkalten lassen. Dann aus der Form lösen und auf eine Tortenplatte setzen.

Tipp: Sie können die Tarte auch mit 380 g Mirabellen aus dem Glas zubereiten. Dann Mirabellen abtropfen lassen und entsteinen.

Mohn-Käsekuchen

Für Gäste

Insgesamt:
E: 143 g, F: 375 g, Kh: 569 g, kJ: 26059, kcal: 6230

Für den Mohnbelag:

1 Pck. Dr. Oetker Pudding-Pulver Vanille-Geschmack
25 g Zucker
400 ml Milch
250 g backfertige Mohnfüllung
1 Eiweiß (Größe M)

Für den Streuselteig:

200 g Weizenmehl
100 g Zucker
1 Pck. Dr. Oetker Vanillin-Zucker
150 g Butter oder Margarine

Für den Belag:

400 g Doppelrahm-Frischkäse
125 g Magerquark
150 g Crème fraîche
25 g Speisestärke
1 Pck. Dr. Oetker Finesse Geriebene Zitronenschale
100 g Zucker
1 Pck. Dr. Oetker Bourbon-Vanille-Zucker
3 Eier (Größe M)
1 Eigelb (Größe M)

Zubereitungszeit: 45 Minuten, ohne Abkühlzeit
Backzeit: 75–85 Minuten

1. Für den Mohnbelag aus Pudding-Pulver, Zucker und Milch nach Packungsanleitung einen Pudding zubereiten. Mohnfüllung unterrühren. Pudding-Mohn-Masse erkalten lassen.

2. Das Eiweiß mit Handrührgerät mit Rührbesen auf höchster Stufe steif schlagen. Der Schnee muss so fest sein, dass ein Messerschnitt sichtbar bleibt. Den Eischnee anschließend unter die Pudding-Mohn-Masse rühren.

3. Den Backofen vorheizen.
Ober-/Unterhitze: etwa 180 °C
Heißluft: etwa 160 °C

4. Für den Streuselteig das Mehl in eine Rührschüssel geben. Zucker, Vanillin-Zucker und Butter oder Margarine hinzufügen. Die Zutaten mit Handrührgerät mit Rührbesen zunächst kurz auf niedrigster, danach auf höchster Stufe zu Streuseln verarbeiten.

5. Gut die Hälfte der Teigstreusel in eine Springform (Ø 26 cm, gefettet) geben und mit einem Löffel andrücken. Restliche Teigstreusel kalt stellen. Die Form auf dem Rost in den vorgeheizten Backofen schieben. Boden **etwa 15 Minuten vorbacken.**

6. Die Form auf einen Kuchenrost stellen. Den Boden abkühlen lassen.

7. Für den Belag Frischkäse, Quark, Crème fraîche, Speisestärke, Zitronenschale, Zucker, Vanille-Zucker, Eier und Eigelb in eine Rührschüssel geben. Die Zutaten zu einer geschmeidigen Masse verrühren. Die Käsemasse auf den vorgebackenen Gebäckboden geben und glatt streichen. Die Pudding-Mohn-Masse darauf verteilen und mit den kalt gestellten Streuseln bestreuen.

8. Die Form wieder auf dem Rost in den vorgeheizten Backofen schieben. Den Kuchen **bei gleicher Backofeneinstellung in 60–70 Minuten fertig backen.**

9. Den Kuchen im leicht geöffneten Backofen noch etwa 15 Minuten stehen lassen. Dann die Form herausnehmen und auf einen Kuchenrost stellen. Den Kuchen abkühlen lassen, aus der Form lösen und auf dem Kuchenrost erkalten lassen.

Nougat-Käsesahne-Torte

Ohne zu backen

Insgesamt:
E: 154 g, F: 176 g, Kh: 547 g, kJ: 18787, kcal: 4488

Für den Boden:
180 g Zwieback
200 g Nuss-Nougat

Für die Käsemasse:
6 Blatt weiße Gelatine
750 g Magerquark
100 ml Milch
50 g Zucker
100 g Nuss-Nougat
250 g Schlagsahne
1 EL Kakaopulver
75 g Zucker

Zum Verzieren:
100 g Nuss-Nougat

Zubereitungszeit: 40 Minuten, ohne Kühlzeit

1. Für den Boden Zwieback in einen Gefrierbeutel geben. Den Beutel fest verschließen. Zwieback mit einer Teigrolle fein zerbröseln. Brösel in eine Rührschüssel geben.

2. Nougat in einem kleinen Topf im heißen Wasserbad geschmeidig rühren, zu den Zwiebackbröseln geben und gut verrühren. Einen Springformrand (Ø 28 cm) auf eine mit Tortenspitze oder Backpapier belegte Tortenplatte stellen. Die Bröselmasse darin gleichmäßig verteilen. Mit einem Löffel zu einem Boden andrücken. Den Tortenboden in den Kühlschrank stellen.

3. Für die Käsemasse Gelatine in kaltem Wasser nach Packungsanleitung einweichen. Quark mit Milch und Zucker in einer Schüssel verrühren. Nougat in einem kleinen Topf im heißen Wasserbad geschmeidig rühren und abkühlen lassen.

4. Die eingeweichte Gelatine leicht ausdrücken und in einem kleinen Topf bei schwacher Hitze unter Rühren auflösen. Gelatine mit etwa 3 Esslöffeln von der Quarkmasse verrühren, dann unter die restliche Quarkmasse rühren. Sahne steif schlagen und unterheben.

5. Die Quarkcreme halbieren. Unter die eine Hälfte Nougat und gesiebtes Kakaopulver rühren. Unter die andere Hälfte Zucker rühren. Die dunkle Creme auf dem Bröselboden verteilen und glatt streichen. Die helle Creme daraufgeben und glatt streichen. Mit einer Gabel spiralförmig durchziehen, sodass an der Oberfläche ein Marmormuster entsteht.

6. Die Tortenplatte mit der Torte mehrmals auf die Arbeitsfläche aufklopfen, sodass die Oberfläche wieder glatt wird. Die Torte etwa 3 Stunden in den Kühlschrank stellen. Den Springformrand lösen und entfernen.

7. Zum Verzieren Nuss-Nougat in einem kleinen Topf im heißen Wasserbad geschmeidig rühren. Nougat in einen Gefrierbeutel geben und eine kleine Ecke abschneiden. Den äußeren Rand der Torte nach Belieben mit aufgelöstem Nougat besprenkeln. Nougat fest werden lassen.

Nuss-Käse-Tarte Für Kinder

Insgesamt:
E: 151 g, F: 316 g, Kh: 479 g, kJ: 22554, kcal: 5390

Für den Knetteig:

180 g Weizenmehl
1 gestr. TL Dr. Oetker Backin
80 g Zucker
1 Pck. Dr. Oetker Vanillin-Zucker
1 Prise Salz
1 Ei (Größe M)
100 g Butter oder Margarine

Für den Belag:

75 g gehackte Walnusskerne
50 g abgezogene, gemahlene Mandeln
120 g Nuss-Nougat-Creme
2 Eigelb (Größe M)
400 g Magerquark
200 g Doppelrahm-Frischkäse
120 g Zucker
1 Pck. Saucenpulver Vanille-Geschmack zum Kochen
2 Eiweiß (Größe M)

Zum Verzieren und Garnieren:

50 g Nuss-Nougat-Creme
16 Walnusskernhälften

Zubereitungszeit: 45 Minuten, ohne Abkühlzeit
Backzeit: etwa 70 Minuten

1. Den Backofen vorheizen.
Ober-/Unterhitze: etwa 200 °C
Heißluft: etwa 180 °C

2. Für den Teig Mehl mit Backpulver in einer Rührschüssel mischen. Restliche Zutaten hinzufügen und mit Handrührgerät mit Knethaken zunächst kurz auf niedrigster, dann auf höchster Stufe gut durcharbeiten. Dann den Teig auf der leicht bemehlten Arbeitsfläche kurz verkneten. Sollte er kleben, ihn in Folie gewickelt eine Zeit lang in den Kühlschrank legen.

3. Gut die Hälfte des Teiges auf der leicht bemehlten Arbeitsfläche zu einer runden Platte (Ø etwa 28 cm) ausrollen. In eine Tarteform (Ø 28 cm, gefettet) legen. Den Teigboden mehrmals mit einer Gabel einstechen. Die Form auf dem Rost in den vorgeheizten Backofen schieben. Den Boden **etwa 10 Minuten vorbacken.**

4. Den Boden in der Form auf einen Kuchenrost stellen und etwas abkühlen lassen. Die **Backofentemperatur um etwa 20 °C herunterschalten.**

5. Für den Belag die Walnusskerne mit den Mandeln mischen, die Nuss-Nougat-Creme untermengen und beiseitestellen. Eigelb mit Quark, Frischkäse, 100 g Zucker und Saucenpulver verrühren. Das Eiweiß in einer Rührschüssel mit Handrührgerät mit Rührbesen auf höchster Stufe steif schlagen. Der Schnee muss so fest sein, dass ein Messerschnitt sichtbar bleibt. Nach und nach restlichen Zucker kurz unterschlagen. Eischnee in 2 Portionen unter die Quarkmasse heben.

6. Restlichen Teig zu einer langen Rolle formen, auf den vorgebackenen Boden legen und so an die Form drücken, dass ein etwa 2 cm hoher Rand entsteht. Zuerst die beiseitegestellte Nussmasse auf den Boden geben und glatt streichen. Danach die Quarkmasse darauf verteilen. Die Form wieder auf dem Rost in den vorgeheizten Backofen schieben. Die Tarte in **etwa 60 Minuten fertig backen.**

7. Die Form auf einen Kuchenrost stellen. Die Tarte in der Form erkalten lassen. Nuss-Nougat-Creme in ein Pergamentpapiertütchen füllen und eine kleine Ecke abschneiden. Die Tarte mit der Creme verzieren und mit den Walnusshälften garnieren.

Orangen-Ricotta-Pie

Fruchtig

Insgesamt:
E: 102 g, F: 190 g, Kh: 452 g, kJ: 16835, kcal: 4019

Für den Knetteig:

80 g Amarettini (ital. Mandelmakronen)
160 g Weizenmehl
1/4 gestr. TL Dr. Oetker Backin
30 g Zucker
1 Ei (Größe M)
100 g kalte Butter

Für die Füllung:

6 mittelgroße Orangen
500 g Ricotta (ital. Frischkäse)
1 Pck. Dr. Oetker Finesse Orangenschalen-Aroma
60 g Zucker
40 g Speisestärke
3 Eier (Größe M)
Saft von 1/2 Zitrone

Für den Orangenbelag:

20 g Speisestärke
200 ml Orangensaft von den Orangen
40 g Zucker

Zum Garnieren:

einige Amarettini (ital. Mandelmakronen)

Zubereitungszeit: 65 Minuten, ohne Kühl- und Ruhezeit
Backzeit: etwa 65 Minuten

1. Den Backofen vorheizen.
Ober-/Unterhitze: etwa 180 °C
Heißluft: etwa 160 °C

2. Für den Teig die Amarettini in einen Gefrierbeutel geben. Den Beutel fest verschließen. Amarettini mit einer Teigrolle fein zerbröseln. Mehl mit Backpulver in einer Rührschüssel mischen. Restliche Zutaten und Amarettinibrösel hinzufügen und mit Handrührgerät mit Knethaken zunächst kurz auf niedrigster, dann auf höchster Stufe gut durcharbeiten.

3. Anschließend den Teig auf der leicht bemehlten Arbeitsfläche kurz verkneten. Den Teig in Folie gewickelt etwa 1 Stunde in den Kühlschrank legen.

4. Knapp zwei Drittel des Teiges auf dem Boden einer Springform (Ø 26 cm, gefettet) ausrollen. Den Springformboden (ohne Springformrand) auf dem Rost in den vorgeheizten Backofen schieben. Den Boden **etwa 15 Minuten vorbacken.**

5. Den Springformboden auf einen Kuchenrost stellen. Boden etwas abkühlen lassen. Den Springformrand darumstellen.

6. Für die Füllung 3 Orangen halbieren, Saft auspressen. Restliche Orangen so schälen, dass die weiße Haut mitentfernt wird. Orangen filetieren, Saft dabei auffangen und 200 ml davon abmessen. Saft und Fruchtfilets beiseitestellen. Ricotta, Orangenschalen-Aroma, Zucker, Speisestärke und Eier mit Handrührgerät mit Rührbesen zu einer geschmeidigen Masse verrühren. Zuletzt noch 1 Esslöffel Zitronensaft unterrühren.

7. Restlichen Teig zu einer langen Rolle formen, auf den vorgebackenen Boden legen und so an die Form drücken, dass ein etwa 3 cm hoher Rand entsteht. Ricotta-Masse hineingeben und glatt streichen. Die Form auf dem Rost wieder in den vorgeheizten Backofen schieben. Die Pie **bei gleicher Backofeneinstellung in etwa 50 Minuten fertig backen.**

8. Die Form auf einen Kuchenrost stellen. Orangen-Ricotta-Pie 10–15 Minuten ruhen lassen.

9. Für den Belag Speisestärke mit beiseitegestelltem Orangensaft in einem kleinen Topf anrühren. Zucker und restlichen Zitronensaft unterrühren. Unter Rühren zum Kochen bringen. Topf von der Kochstelle nehmen. Beiseitegestellte Orangenfilets unterheben. Die Masse auf der Pie verteilen. Pie erkalten lassen und anschließend aus der Form lösen. Vor dem Servieren mit einigen Amarettini garnieren.

Pekannuss-Käsekuchen

Gut vorzubereiten

Insgesamt:
E: 158 g, F: 243 g, Kh: 558 g, kJ: 21623, kcal: 5165

Für die Pudding-Quark-Masse:
2 Pck. Dr. Oetker Pudding-Pulver Vanille-Geschmack
180 g Zucker
500 ml (1/2 l) Milch
750 g Magerquark
1 Pck. Dr. Oetker Finesse Geriebene Zitronenschale

Für den Knetteig:
50 g Pekannusskerne
200 g Weizenmehl
1 Msp. Dr. Oetker Backin
50 g Zucker
2 Eigelb (Größe M)
125 g Butter oder Margarine

Zum Unterheben:
2 Eiweiß (Größe M)

Zum Bestreuen:
100 g Pekannusskerne

Zum Karamellisieren:
5 EL Puderzucker

Zubereitungszeit: 60 Minuten, ohne Abkühlzeit
Backzeit: etwa 75 Minuten

1. Für die Pudding-Quark-Masse aus Pudding-Pulver, Zucker und der Milch nach Packungsanleitung einen Pudding zubereiten. Pudding etwas abkühlen lassen, dabei ab und zu umrühren. Quark und Zitronenschale unterrühren. Pudding-Quark-Masse erkalten lassen.

2. Den Backofen vorheizen.
Ober-/Unterhitze: etwa 200 °C
Heißluft: etwa 180 °C

3. Für den Teig die Nusskerne fein mahlen. Mehl mit Backpulver in einer Rührschüssel mischen. Restliche Zutaten und die gemahlenen Nüsse hinzufügen und mit Handrührgerät mit Knethaken zunächst kurz auf niedrigster, dann auf höchster Stufe gut durcharbeiten.

4. Anschließend den Knetteig auf der leicht bemehlten Arbeitsfläche kurz verkneten. Sollte er kleben, ihn in Folie gewickelt eine Zeit lang in den Kühlschrank legen.

5. Zwei Drittel des Teiges auf dem Boden einer Springform (Ø 26 cm, Boden gefettet) ausrollen. Den Teigboden mehrmals mit einer Gabel einstechen. Den Springformrand darumstellen.

6. Dann die Form auf dem Rost in den vorgeheizten Backofen schieben. Den Boden **etwa 15 Minuten vorbacken.**

7. Den Boden in der Form auf einen Kuchenrost stellen und etwas abkühlen lassen. Die **Backofentemperatur um etwa 20 °C herunterschalten.**

8. Restlichen Teig zu einer langen Rolle formen, auf den vorgebackenen Boden legen und so an die Form drücken, dass ein etwa 3 cm hoher Rand entsteht.

9. Zum Unterheben Eiweiß mit Handrührgerät mit Rührbesen auf höchster Stufe steif schlagen. Der Schnee muss so fest sein, dass ein Messerschnitt sichtbar bleibt.

10. Den Eischnee unter die erkaltete Pudding-Quark-Masse heben, auf den vorgebackenen Boden geben und glatt streichen.

11. Die Form wieder auf dem Rost in den vorgeheizten Backofen schieben. Den Kuchen **in etwa 60 Minuten fertig backen.**

12. Die Form auf einen Kuchenrost stellen. Den Kuchen in der Form erkalten lassen. Anschließend aus der Form lösen und auf eine Tortenplatte setzen. Die Pekannuskerne auf die Kuchenoberfläche streuen.

13. Zum Karamellisieren Puderzucker unter Rühren goldbraun karamellisieren. Sofort auf den Pekannusskernen verteilen und den Karamell fest werden lassen.

Pfirsich-Schmand-Kuchen

Einfach

Insgesamt:
E: 82 g, F: 146 g, Kh: 425 g, kJ: 14061, kcal: 3359

Für den Knetteig:

150 g Weizenmehl
1 Msp. Dr. Oetker Backin
50 g Zucker
1 Pck. Dr. Oetker Vanillin-Zucker
1 Ei (Größe M)
65 g Butter oder Margarine

Für den Belag:

650 g Pfirsiche (etwa 4 Stück)
2 Pck. Dr. Oetker Pudding-Pulver Vanille-Geschmack
100 g Zucker
500 ml (1/2 l) Milch
250 g Schmand (Sauerrahm)
250 g Speisequark (20 % i. Tr.)

Zubereitungszeit: 40 Minuten, ohne Abkühlzeit
Backzeit: etwa 75 Minuten

1. Den Backofen vorheizen.
Ober-/Unterhitze: etwa 200 °C
Heißluft: etwa 180 °C

2. Für den Teig Mehl mit Backpulver in einer Rührschüssel mischen. Restliche Zutaten hinzufügen und mit Handrührgerät mit Knethaken zunächst kurz auf niedrigster, dann auf höchster Stufe gut durcharbeiten. Den Teig auf der leicht bemehlten Arbeitsfläche kurz verkneten. Sollte er kleben, ihn in Folie gewickelt eine Zeit lang in den Kühlschrank legen.

3. Zwei Drittel des Teiges auf dem Boden einer Springform (Ø 26 cm, gefettet) ausrollen. Den Springformrand darumstellen. Die Form auf dem Rost in den vorgeheizten Backofen schieben. Den Boden **etwa 15 Minuten vorbacken.**

4. Die Form auf einen Kuchenrost stellen. Den Boden etwas abkühlen lassen. Die **Backofentemperatur um etwa 20 °C herunterschalten.**

5. Für den Belag Pfirsiche kurz in kochendes Wasser legen (nicht kochen lassen) und in kaltem Wasser abschrecken. Pfirsiche enthäuten, halbieren, entsteinen und in Spalten schneiden.

6. Restlichen Teig zu einer langen Rolle formen, auf den vorgebackenen Boden legen und so an die Form drücken, dass ein etwa 3 cm hoher Rand entsteht. Pfirsichspalten auf den vorgebackenen Boden legen.

7. Einen Pudding aus Pudding-Pulver, Zucker und Milch nach Packungsanleitung (aber mit den hier angegebenen Zutaten) zubereiten. Den Topf von der Kochstelle nehmen. Schmand und Quark unterrühren. Die Puddingmasse auf den Pfirsichspalten verteilen. Die Form wieder auf dem Rost in den vorgeheizten Backofen schieben. Kuchen **in etwa 60 Minuten fertig backen.**

8. Die Form auf einen Kuchenrost stellen. Den Kuchen in der Form etwa 2 Stunden abkühlen lassen. Anschließend aus der Form lösen und auf einem Kuchenrost erkalten lassen.

Pflaumen-Mascarpone-Schnitten

Einfach – für Gäste

Insgesamt:
E: 34 g, F: 185 g, Kh: 241 g, kJ: 11738, kcal: 2802

Zum Vorbereiten:
300 g TK-Blätterteig

Zum Bestreichen:
1 EL Schlagsahne oder Kondensmilch
1 Eigelb (Größe M)

Für den Belag:
400 g frische Pflaumen
2 EL Zucker
1 Pck. Dr. Oetker Vanillin-Zucker

Für die Füllung:
250 g Mascarpone (ital. Frischkäse)
2 EL Zitronensaft
2 EL Zucker
1/2 gestr. TL gemahlener Zimt

Für den Guss:
1 Pck. ungezuckerter Tortenguss, rot
250 ml (1/4 l) Saft von den Pflaumen

Zubereitungszeit: 60 Minuten, ohne Auftau- und Abkühlzeit
Backzeit: etwa 20 Minuten

1. Zum Vorbereiten Blätterteigplatten nach Packungsanleitung auftauen lassen. Den Backofen vorheizen.
Ober-/Unterhitze: etwa 200 °C
Heißluft: etwa 180 °C

2. Die Teigplatten auf der leicht bemehlten Arbeitsfläche aufeinanderlegen und zu einem Rechteck (etwa 25 x 30 cm) ausrollen. Die Längsseiten etwa 4 cm zur Mitte hin umklappen und mit einer Schere mehrmals quer einschneiden. Das Teigstück auf ein Backblech (gefettet, mit Backpapier belegt) legen.

3. Zum Bestreichen die Sahne oder Kondensmilch mit dem Eigelb verschlagen. Die eingeschnittenen Teigseiten damit bestreichen. Das Backblech in den vorgeheizten Backofen schieben. Das Gebäck **etwa 20 Minuten backen.**

4. Das Gebäck vom Backblech lösen und auf einem Kuchenrost erkalten lassen.

5. Für den Belag Pflaumen abspülen, trocken tupfen, entsteinen und vierteln. Pflaumenviertel in einem Topf mit Zucker und Vanillin-Zucker etwa 5 Minuten unter Rühren kochen. Pflaumenmasse erkalten lassen.

6. Für die Füllung den Mascarpone mit Zitronensaft, Zucker und Zimt verrühren. Das Füllung auf das Gebäck geben und glatt streichen.

7. Die Pflaumenmasse in einem Sieb abtropfen lassen. Den Saft dabei auffangen und evtl. mit Wasser auf 250 ml (1/4 l) auffüllen. Die Pflaumenmasse auf die Mascarpone-Creme geben.

8. Für den Guss aus Tortengusspulver und Pflaumensaft nach Packungsanleitung (aber ohne Zucker) einen Guss zubereiten. Guss mithilfe eines Pinsels auf die Pflaumenmasse streichen. Guss fest werden lassen.

Tipp: Das Gebäck nach Belieben mit gehackten Pistazienkernen bestreuen.

Polnischer Käsekuchen

Einfach

Insgesamt:
E: 169 g, F: 231 g, Kh: 552 g, kJ: 21232, kcal: 5074

Für den Knetteig:

200 g Weizenmehl
1 Msp. Dr. Oetker Backin
70 g Zucker
1 Pck. Dr. Oetker Vanillin-Zucker
1 Prise Salz
1 Ei (Größe M)
125 g Butter oder Margarine

Für den Belag:

100 g gewürfeltes Orangeat
100 g Butter
5 Eigelb (Größe M)
750 g Magerquark
50 g Weizenmehl
120 g Zucker
1 Pck. Dr. Oetker Finesse Orangenschalen-Aroma oder 1 Pck. Dr. Oetker Finesse Geriebene Zitronenschale
100 g Rosinen
5 Eiweiß (Größe M)
1 Prise Salz

Zum Bestäuben:

evtl. etwas Puderzucker

Zubereitungszeit: 50 Minuten, ohne Abkühlzeit
Backzeit: etwa 60 Minuten

1. Den Backofen vorheizen.
Ober-/Unterhitze: etwa 200 °C
Heißluft: etwa 180 °C

2. Für den Teig Mehl mit Backpulver in einer Rührschüssel mischen. Restliche Zutaten hinzufügen und mit Handrührgerät mit Knethaken zunächst kurz auf niedrigster, dann auf höchster Stufe gut durcharbeiten. Dann den Teig auf der leicht bemehlten Arbeitsfläche kurz verkneten. Sollte er kleben, ihn in Folie gewickelt eine Zeit lang in den Kühlschrank legen.

3. Die Hälfte des Teiges auf dem Boden einer Springform (Ø 26 cm, Boden gefettet) ausrollen und mehrmals mit einer Gabel einstechen. Den Springformboden (ohne Springformrand) auf dem Rost in den vorgeheizten Backofen schieben. Den Boden **etwa 10 Minuten vorbacken.**

4. Den Springformboden auf einen Kuchenrost stellen. Die **Backofentemperatur um etwa 20 °C herunterschalten.** Den Gebäckboden etwas abkühlen lassen. Dann den Springformrand darumstellen.

5. Für den Belag das Orangeat sehr fein hacken und mit der Butter verrühren. Eigelb, Quark, Mehl, 100 g Zucker und Orangen- oder Zitronenschale geschmeidig rühren. Orangeat-Butter-Masse und Rosinen unterrühren. In einer anderen Schüssel Eiweiß mit Salz mit Handrührgerät mit Rührbesen auf höchster Stufe steif schlagen. Der Schnee muss so fest sein, dass ein Messerschnitt sichtbar bleibt. Nach und nach restlichen Zucker kurz unterschlagen. Die Eischneemasse in 2 Portionen unter die Quarkmasse heben.

6. Den Rest des Teiges zu einer Rolle formen, auf den Boden legen und so an die Form drücken, dass ein etwa 3 cm hoher Rand entsteht. Die Quarkmasse auf den Teigboden geben und glatt streichen. Die Form wieder auf dem Rost in den vorgeheizten Backofen schieben. Den Kuchen **in etwa 50 Minuten fertig backen.**

7. Die Form auf einen Kuchenrost stellen. Den Kuchen in der Form erkalten lassen.

8. Den Kuchen vorsichtig aus der Form lösen, Springformrand entfernen. Den Kuchen auf eine Tortenplatte setzen und nach Belieben mit Puderzucker bestäuben.

Quark-Aprikosen-Torte, gefüllt

Klassisch

Insgesamt:
E: 119 g, F: 204 g, Kh: 467 g, kJ: 17713, kcal: 4219

Für den All-in-Teig:

100 g	*Weizenmehl*
25 g	*Speisestärke*
3 gestr. TL	*Dr. Oetker Backin*
125 g	*Zucker*
1 Pck.	*Dr. Oetker Vanillin-Zucker*
1 Prise	*Salz*
3	*Eier (Größe M)*
125 g	*weiche Butter oder Margarine*

Für die Füllung:

480 g	*Aprikosenhälften aus der Dose*
250 g	*Schlagsahne*
1 Pck.	*Käse-Sahne-Tortencreme (Cremepulver)*
1 Pck.	*Dr. Oetker Finesse Geriebene Zitronenschale*
200 ml	*lauwarmes Wasser*
500 g	*Magerquark*

Zum Bestäuben:

etwas	*Puderzucker*

Zubereitungszeit: 45 Minuten, ohne Kühlzeit
Backzeit: etwa 25 Minuten

1. Den Backofen vorheizen.
Ober-/Unterhitze: etwa 180 °C
Heißluft: etwa 160 °C

2. Für den Teig Mehl mit Speisestärke und Backpulver in einer Rührschüssel mischen. Restliche Zutaten hinzufügen und alles mit Handrührgerät mit Rührbesen erst kurz auf niedrigster, dann auf höchster Stufe in etwa 2 Minuten zu einem glatten Teig verarbeiten.

3. Den Teig in eine Springform (Ø 26 cm, Boden gefettet, mit Backpapier belegt) geben und glatt streichen. Die Form auf dem Rost in den vorgeheizten Backofen schieben. Den Gebäckboden **etwa 25 Minuten backen.**

4. Die Form aus dem Ofen nehmen. Den Gebäckboden aus der Form lösen, auf einen mit Backpapier belegten Kuchenrost stürzen und erkalten lassen. Mitgebackenes Backpapier abziehen.

5. Gebäckboden einmal waagerecht durchschneiden. Den unteren Gebäckboden auf eine Tortenplatte legen. Einen Tortenring oder den gesäuberten Springformrand darumstellen. Oberen Gebäckboden in 16 Tortenstücke schneiden.

6. Für die Füllung Aprikosenhälften in einem Sieb abtropfen lassen und in Streifen schneiden. Sahne steif schlagen. Tortencremepulver und Zitronenschale in einer großen Rührschüssel mischen. Wasser hinzufügen. Die Zutaten mit einem Schneebesen in etwa 1 Minute gut verrühren. Quark in 2 Portionen unterrühren. Zuletzt die Sahne unterheben.

7. Zwei Drittel der Käse-Sahne-Creme auf den unteren Gebäckboden geben und glatt streichen. Aprikosenstreifen darauflegen. Restliche Käse-Sahne-Creme darauf verteilen. Mit den 16 Tortenstücken belegen. Die Torte etwa 3 Stunden in den Kühlschrank stellen. Vor dem Servieren Tortenring oder Springformrand vorsichtig lösen und entfernen. Die Torte mit Puderzucker bestäuben.

Quark-Blondies

Für Kinder

Insgesamt:
E: 217 g, F: 443 g, Kh: 657 g, kJ: 32112, kcal: 7670

Für den All-in-Teig:

80 g Weizenmehl
1 gestr. TL Dr. Oetker Backin
125 g zarte Haferflocken
80 g Zucker
100 g weiche Butter oder Margarine
2 Eier (Größe M)

Für den Belag:

5 Eier (Größe M)
2 gestr. EL flüssiger Honig
140 g Zucker
1 Prise Salz
½–1 Pck. Dr. Oetker Finesse Bourbon-Vanille-Aroma
1,25 kg Speisequark (40 % Fett i. Tr.)
70 g Speisestärke

Für den Guss:

25 g Kokosfett
80 g Schlagsahne
300 g weiße Schokolade

Zubereitungszeit: 40 Minuten, ohne Abkühlzeit
Backzeit: etwa 50 Minuten

1. Den Backofen vorheizen.
Ober-/Unterhitze: etwa 180 °C
Heißluft: etwa 160 °C

2. Für den Teig das Mehl mit Backpulver in einer Rührschüssel mischen. Restliche Zutaten hinzufügen und alles mit Handrührgerät mit Rührbesen erst kurz auf niedrigster, dann auf höchster Stufe in etwa 2 Minuten zu einem glatten Teig verarbeiten.

3. Den Teig in ein tiefes Backblech oder eine Fettpfanne (30 x 40 cm, gefettet) füllen und glatt streichen. Backblech oder Fettpfanne in den vorgeheizten Backofen schieben. Den Boden **etwa 15 Minuten vorbacken.**

4. Das Backblech oder die Fettpfanne auf einen Kuchenrost stellen. Boden etwas abkühlen lassen.

5. Für den Belag Eier und Honig mit Handrührgerät mit Rührbesen etwa 1 Minute schaumig schlagen. Zucker und Salz in etwa 1 Minute einstreuen, dann etwa 2 Minuten weiterschlagen. Aroma unterrühren.

6. Quark in 2 Portionen unter die Eiermasse rühren. Speisestärke unterheben. Die Quarkmasse auf dem vorgebackenen Boden verteilen und glatt streichen. Backblech oder Fettpfanne wieder in den vorgeheizten Backofen schieben. Kuchen **bei gleicher Backofeneinstellung in etwa 35 Minuten fertig backen.**

7. Backblech oder Fettpfanne auf einen Kuchenrost stellen. Den Kuchen etwas abkühlen lassen.

8. Für den Guss Kokosfett in einem Topf erhitzen. Die Sahne hinzugeben und miterhitzen (nicht kochen). Den Topf von der Kochstelle nehmen. Die Schokolade in Stücke brechen und unter Rühren in der Kokosfett-Sahne-Mischung schmelzen. Den Guss so lange abkühlen lassen, bis er dickflüssig geworden ist. Dabei gelegentlich umrühren.

9. Den Guss auf den Kuchen geben und glatt streichen. Kuchen mindestens 1 Stunde kalt stellen.

Quark-Butterkuchen

Für Kinder

Insgesamt:
E: 128 g, F: 220 g, Kh: 393 g, kJ: 17274, kcal: 4129

Für den Hefeteig:

300 g Weizenmehl
1 Pck. Dr. Oetker Trockenbackhefe
50 g Zucker
100 ml lauwarme Milch
150 g Magerquark
50 g Butter
½ gestr. TL Salz

Für den Belag:

125 g weiche Butter
70 g Zucker
1 Ei (Größe M)
350 g Magerquark
100 g gestiftelte Mandeln
30 g Zucker
1 gestr. TL gemahlener Zimt

Zubereitungszeit: 40 Minuten,
ohne Teiggeh- und Kühlzeit
Backzeit: etwa 25 Minuten

1. Für den Teig Mehl in eine Rührschüssel geben und mit Trockenbackhefe sorgfältig vermischen. 1 Esslöffel Zucker und die Milch hinzufügen. Mit einer Gabel vorsichtig verrühren und etwa 10 Minuten gehen lassen.

2. Restlichen Zucker, Quark, Butter und Salz hinzufügen. Die Zutaten mit Handrührgerät mit Knethaken zunächst auf niedrigster, dann auf höchster Stufe in etwa 5 Minuten zu einem glatten Teig verarbeiten. Den Teig zugedeckt so lange an einem warmen Ort stehen lassen, bis er sich sichtbar vergrößert hat.

3. Für den Belag Butter und Zucker mit Handrührgerät mit Rührbesen schaumig schlagen. Das Ei und Quark unterrühren. Die Masse in einen Gefrierbeutel geben. Beutel verschließen und in den Kühlschrank legen.

4. Den gegangenen Teig auf der leicht bemehlten Arbeitsfläche nochmals gut durchkneten, auf einem Backblech (30 x 40 cm, gefettet) ausrollen. Den Teig am Rand hochdrücken. Mit einem Geschirrtuch abdecken und etwa 10 Minuten an einem warmen Ort gehen lassen. Den Backofen vorheizen.
Ober-/Unterhitze: etwa 200 °C
Heißluft: etwa 180 °C

5. In den Teig mit 2 Fingern, in etwa 2 cm breiten Abständen, tiefe Löcher drücken. Vom Gefrierbeutel mit der Quarkmasse eine kleine Ecke abschneiden. Dann die Quarkmasse als dicke Tupfen in die Löcher spritzen. Den Teig und die Quarktupfen mit Mandeln bestreuen.

6. Zucker und Zimt mischen, den Kuchen damit bestreuen. Das Backblech in den vorgeheizten Backofen schieben. Den Kuchen **etwa 25 Minuten backen.**

7. Das Backblech auf einen Kuchenrost stellen. Den Kuchen erkalten lassen.

Quark-Eierschecke
Einfach – schnell

Insgesamt:
E: 162 g, F: 147 g, Kh: 377 g, kJ: 14659, kcal: 3500

Für die Quarkmasse:
750 g Magerquark
170 g Zucker
1 Pck. Dr. Oetker Pudding-Pulver Vanille-Geschmack
2 Eier (Größe M)

Für die Eierscheckenmasse:
5 Eiweiß (Größe M)
100 g Zucker
375 ml (3/8 l) Milch
1 Pck. Dr. Oetker Pudding-Pulver Vanille-Geschmack
5 Eigelb (Größe M)
100 g Butter

Zum Bestäuben:
2–3 EL Puderzucker

Zubereitungszeit: 30 Minuten
Backzeit: 50–60 Minuten

1. Den Backofen vorheizen.
Ober-/Unterhitze: etwa 180 °C
Heißluft: etwa 160 °C

2. Für die Quarkmasse Quark, Zucker, Pudding-Pulver und Eier in eine Rührschüssel geben. Die Zutaten mit Handrührgerät mit Rührbesen auf höchster Stufe geschmeidig rühren. Die Quarkmasse in eine Springform (Ø 26 cm, gefettet) füllen und glatt streichen.

3. Für die Eierscheckenmasse Eiweiß mit Handrührgerät mit Rührbesen auf höchster Stufe steif schlagen. Der Schnee muss so fest sein, dass ein Messerschnitt sichtbar bleibt. Ein Drittel des Zuckers langsam einstreuen. Dabei den Eischnee weiterschlagen, bis er glänzt.

4. Von der Milch 100 ml abmessen und mit Pudding-Pulver, Eigelb und restlichem Zucker verrühren. Restliche Milch in einem Topf kurz aufkochen lassen und den Topf von der Kochstelle nehmen. Angerührtes Pudding-Pulver unterrühren und unter Rühren etwa 1 Minute aufkochen. Den Topf von der Kochstelle nehmen und die Butter unter den Pudding rühren. Eischnee in 2 Portionen kurz unterrühren.

5. Die Eierscheckenmasse löffelweise auf der Quarkmasse verteilen und glatt streichen. Die Form auf dem Rost im unteren Drittel in den vorgeheizten Backofen schieben. Den Kuchen **50–60 Minuten backen.**

6. Die Form auf einem Kuchenrost stellen und die Eierschecke in der Form erkalten lassen. Die erkaltete Eierschecke aus der Form lösen und auf eine Tortenplatte setzen.

Tipps: Nach Belieben 250 g Sauerkirschen aus dem Glas mit etwa 25 g angerührter Speisestärke unter Rühren aufkochen, mit Zucker abschmecken und heiß oder kalt dazureichen. Anstatt Pudding-Pulver Vanille-Geschmack Pudding-Pulver Sahne-Geschmack verwenden.

Quark-Früchte-Torte ohne Boden

Einfach – schnell

Insgesamt:
E: 94 g, F: 27 g, Kh: 281 g, kJ: 7599, kcal: 1809

Für die Quarkmasse:

100 g kandierte Früchte oder Zitronat und Orangeat
50 g Rosinen
4 Eiweiß (Größe M)
4 Eigelb (Größe M)
100 g Zucker
500 g Magerquark
abgeriebene Schale von
1 Bio-Zitrone (unbehandelt, ungewachst)
1 Pck. Dr. Oetker Pudding-Pulver Vanille-Geschmack

Zubereitungszeit: 30 Minuten
Backzeit: etwa 50 Minuten

1. Den Backofen vorheizen.
Ober-/Unterhitze: etwa 180 °C
Heißluft: etwa 160 °C

2. Für die Quarkmasse kandierte Früchte (oder Zitronat oder Orangeat) in kleine Würfel schneiden und mit Rosinen mischen.

3. Das Eiweiß mit Handrührgerät mit Rührbesen auf höchster Stufe steif schlagen. Der Schnee muss so fest sein, dass ein Messerschnitt sichtbar bleibt. In einer anderen Schüssel Eigelb und Zucker mit Handrührgerät mit Rührbesen auf höchster Stufe schaumig rühren. Nach und nach Quark und Zitronenschale dazugeben. Pudding-Pulver, kandierte Früchte und Rosinen unterrühren. Den Eischnee vorsichtig unter die Quarkmasse ziehen.

4. Die Quarkmasse in eine Springform (Ø 26 cm gefettet, mit Backpapier belegt) füllen und glatt streichen. Die Form auf dem Rost in den vorgeheizten Backofen schieben. Den Kuchen **etwa 50 Minuten backen.**

5. Die Form auf einen Kuchenrost stellen, den Kuchen erkalten lassen. Dann den Formrand und das Backpapier entfernen.

Tipps: Kuchen im ausgeschalteten Backofen noch 15 Minuten stehen lassen. Maximal einen Tag vor dem Verzehr zubereiten. Anstelle der kandierten Früchte und Rosinen können 175 g gut abgetropfte Mandarinen aus der Dose untergehoben werden.

Abwandlung: Für eine **Quark-Früchte-Torte mit Boden** einen Knetteig aus 150 g Weizenmehl, 1 Teelöffel Dr. Oetker Backin, 65 g Zucker, 1 Ei (Größe M) und 75 g Butter oder Margarine zubereiten. Dafür alle Zutaten in einer Rührschüssel mit Handrührgerät mit Knethaken auf höchster Stufe zu einem Teig verarbeiten. Den Teig auf einem Springformboden (Ø 26 cm, gefettet) ausrollen. Die Form auf dem Rost in den vorgeheizten Backofen schieben. Den Boden bei Ober-/Unterhitze: 180–200 °C bzw. Heißluft: 160–180 °C etwa 15 Minuten vorbacken. Die Form auf einen Kuchenrost stellen, etwas abkühlen lassen. Dann die Masse daraufgeben und wie oben angegeben backen.

Quark-Kirsch-Kuchen

Für Kinder

Insgesamt:
E: 220 g, F: 237 g, Kh: 817 g, kJ: 26903, kcal: 6437

Für den All-in-Teig:

125 g Butter oder Margarine
250 g Weizenmehl
2 gestr. TL Dr. Oetker Backin
150 g Zucker
1 Prise Salz
1 Pck. Dr. Oetker Vanillin-Zucker
3 Eier (Größe M)
4 EL Milch

Für den Belag:

700 g Sauerkirschen aus dem Glas
1 kg Magerquark
225 g Zucker
1 Pck. Dr. Oetker Finesse Geriebene Zitronenschale
1 Pck. Dr. Oetker Pudding-Pulver Vanille-Geschmack
250 g Crème fraîche
4 Eier (Größe M)

Für den Guss:

2 gestr. EL Zucker
1 Pck. ungezuckerter Tortenguss, klar
150 ml Sauerkirschsaft aus dem Glas
100 ml Wasser

Zubereitungszeit: 40 Minuten, ohne Abkühlzeit
Backzeit: etwa 55 Minuten

1. Für den Teig Butter oder Margarine zerlassen und abkühlen lassen. Den Backofen vorheizen.
Ober-/Unterhitze: etwa 180 °C
Heißluft: etwa 160 °C

2. Das Mehl mit Backpulver in einer Rührschüssel mischen. Restliche Zutaten und zerlassene Butter oder Margarine hinzufügen. Alles mit Handrührgerät mit Rührbesen erst kurz auf niedrigster, dann auf höchster Stufe in etwa 2 Minuten zu einem glatten Teig verarbeiten.

3. Den Teig auf ein Backblech (30 x 40 cm, gefettet) geben und glatt streichen. Das Backblech in den vorgeheizten Backofen schieben. Boden **etwa 15 Minuten vorbacken.**

4. Für den Belag inzwischen Kirschen in einem Sieb abtropfen lassen. Den Saft dabei auffangen, 150 ml abmessen und für den Guss beiseitestellen. Quark, Zucker, Zitronenschale, Pudding-Pulver, Crème fraîche und Eier zu einer geschmeidigen Masse verrühren.

5. Das Backblech auf einen Kuchenrost stellen. Den Boden etwas abkühlen lassen. Anschließend einen Backrahmen um den Boden stellen.

6. Die Kirschen gleichmäßig auf dem Boden verteilen. Die Quarkmasse esslöffelweise daraufgeben und glatt streichen. Das Backblech wieder in den vorgeheizten Ofen schieben. Den Kuchen **bei gleicher Backofeneinstellung in etwa 40 Minuten fertig backen.**

7. Das Backblech auf einen Kuchenrost stellen. Den Kuchen erkalten lassen.

8. Für den Guss aus Zucker, Tortengusspulver, Kirschsaft und Wasser nach Packungsanleitung (aber mit den hier angegebenen Zutaten) einen Guss zubereiten. Den Guss leicht abkühlen lassen, dann mit einem Löffel streifenartig auf den Kuchen träufeln. Guss fest werden lassen. Den Backrahmen vorsichtig mit einem Messer lösen und entfernen.

Quarkkuchen mit Weincreme

Mit Alkohol

Insgesamt:
E: 234 g, F: 446 g, Kh: 673 g, kJ: 33016, kcal: 7890

Für den Rührteig:

200 g weiche Butter oder Margarine
120 g Zucker
1 Pck. Dr. Oetker Vanillin-Zucker
2 Eier (Größe M)
170 g Weizenmehl
1 gestr. TL Dr. Oetker Backin
½ Pck. Dr. Oetker Finesse Geriebene Zitronenschale

Für die Füllung:

200 g Zartbitter-Schokolade
100 g getrocknete Aprikosen
4 Eigelb (Größe M)
170 g brauner Zucker
5 EL Rotwein oder roter Traubensaft
50 g Hartweizengrieß
1 kg Speisequark (40 % Fett i. Tr.)
4 Eiweiß (Größe M)
1 Prise Salz

Für den Belag:

500 g Speisequark (40 % Fett i. Tr.)
50 g Puderzucker

Zum Bestäuben:

etwas Trinkschokoladenpulver

Zubereitungszeit: 50 Minuten, ohne Abkühlzeit
Backzeit: etwa 45 Minuten

1. Den Backofen vorheizen.
Ober-/Unterhitze: etwa 180 °C
Heißluft: etwa 160 °C

2. Für den Teig Butter oder Margarine mit Handrührgerät mit Rührbesen auf höchster Stufe geschmeidig rühren. Nach und nach Zucker und Vanillin-Zucker unterrühren. So lange rühren, bis eine gebundene Masse entstanden ist.

3. Die Eier nach und nach unterrühren (jedes Ei etwa ½ Minute). Mehl mit Backpulver und Zitronenschale mischen und auf mittlerer Stufe kurz unterrühren.

4. Den Teig auf ein Backblech (30 x 40 cm, gefettet) geben und glatt streichen. Das Backblech in den vorgeheizten Backofen schieben. Boden **etwa 15 Minuten vorbacken.**

5. Das Backblech auf einen Kuchenrost stellen. Den Boden etwas abkühlen lassen.

6. Für die Füllung Schokolade in Stücke brechen. Zusammen mit den Aprikosen im Blitzhacker fein hacken.

7. Eigelb und braunen Zucker mit Handrührgerät mit Rührbesen auf höchster Stufe zu einer dicklichen Creme aufschlagen.

8. Rotwein oder Traubensaft und Schokoladen-Aprikosen-Gemisch unterrühren. Grieß und Quark ebenfalls unterrühren.

9. In einer anderen Schüssel das Eiweiß mit Salz mit Handrührgerät mit Rührbesen auf höchster Stufe steif schlagen. Der Schnee muss so fest sein, dass ein Messerschnitt sichtbar bleibt.

10. Dann den Eischnee in 2 Portionen unter die Quark-Schokoladen-Masse heben. Füllung auf dem vorgebackenen Boden verteilen.

11. Das Backblech wieder in den Backofen schieben. Den Kuchen **bei gleicher Backofeneinstellung in etwa 30 Minuten fertig backen.**

12. Das Backblech auf einen Kuchenrost stellen.

13. Für den Belag Quark mit Puderzucker verrühren, sofort auf den heißen Kuchen geben und glatt streichen. Kuchen erkalten lassen. Mit Trinkschokoladenpulver bestäuben.

Quarkkuchen vom Blech

Für Kinder – schnell

Insgesamt:
E: 229 g, F: 288 g, Kh: 714 g, kJ: 26817, kcal: 6412

Für den Streuselteig:
- *350 g Weizenmehl*
- *1 gestr. TL Dr. Oetker Backin*
- *150 g Zucker*
- *2 Eier (Größe M)*
- *100 g Butter oder Margarine*

Für den Belag:
- *1 kg Magerquark*
- *175 g Zucker*
- *1 Pck. Dr. Oetker Vanillin-Zucker*
- *4 Eier (Größe M)*
- *60 g Speisestärke*
- *400 g Schlagsahne*
- *50 g gehobelte Mandeln*

Zum Bestreuen:
- *2 EL Zucker*
- *1 TL gemahlener Zimt*

Zubereitungszeit: 25 Minuten
Backzeit: etwa 40 Minuten

1. Den Backofen vorheizen.
Ober-/Unterhitze: etwa 180 °C
Heißluft: etwa 160 °C

2. Für den Teig Mehl mit Backpulver in einer Rührschüssel mischen. Zucker, Eier und Butter oder Margarine hinzufügen. Die Zutaten mit Handrührgerät mit Rührbesen zunächst kurz auf niedrigster, dann auf höchster Stufe zu Streuseln verarbeiten.

3. Die Streusel auf einem Backblech (30 x 40 cm, gefettet) verteilen und mit einem Esslöffel zu einem Boden andrücken.

4. Für den Belag Quark mit Zucker, Vanillin-Zucker, Eiern und Speisestärke gut verrühren. Sahne steif schlagen, unterheben. Quarkmasse auf den Streuselteig geben, glatt streichen. Mandeln darauf verteilen.

5. Das Backblech in den vorgeheizten Backofen schieben. Den Kuchen **etwa 40 Minuten backen.**

6. Das Backblech auf einen Kuchenrost stellen. Zucker und Zimt mischen und auf den noch heißen Kuchen streuen. Den Kuchen erkalten lassen.

Tipp: Sie können den Kuchen vor dem Backen zusätzlich mit 100 g Rosinen bestreuen.

Quark-Pflaumen-Strudel

Fettarm

Insgesamt:
E: 75 g, F: 36 g, Kh: 277 g, kJ: 7288, kcal: 1744

Für den Strudelteig:

200 g Weizenmehl
1 Prise Salz
1 Eigelb (Größe M)
1 EL Speiseöl, z. B. Sonnenblumenöl
8 EL warmes Wasser

Für die Füllung:

500 g frische Pflaumen
250 g Magerquark
100 g saure Sahne
1 Eigelb (Größe M)
60 g Zucker
2 Eiweiß (Größe M)

Zum Bestreuen:

1 EL Hagelzucker

Zubereitungszeit: 30 Minuten, ohne Ruhezeit
Backzeit: etwa 35 Minuten

1. Für den Teig das Mehl in eine Rührschüssel geben. Restliche Zutaten für den Teig hinzufügen und mit Handrührgerät mit Knethaken zunächst kurz auf niedrigster, dann auf höchster Stufe zu einem glatten Teig verarbeiten. In einem kleinen Topf Wasser kochen, den Topf ausgießen und abtrocknen. Den Teig auf Backpapier in den heißen Topf legen. Topf mit einem Deckel verschließen und den Teig etwa 30 Minuten ruhen lassen.

2. Für die Füllung Pflaumen abspülen, gut abtropfen lassen, halbieren und entsteinen. Quark mit saurer Sahne, Eigelb und Zucker verrühren. Das Eiweiß mit einer Gabel kurz verschlagen. Danach den Backofen vorheizen.
Ober-/Unterhitze: etwa 220 °C
Heißluft: etwa 200 °C

3. Den Teig auf einem großen bemehlten Geschirrtuch dünn zu einem Rechteck (etwa 30 x 40 cm) ausrollen. Die Teigplatte zuerst mit der Hälfte des Eiweißes, dann mit der Quarkmasse bestreichen. An den Seiten dabei etwa 2 cm frei lassen. Die Pflaumenhälften auf der Quarkmasse verteilen.

4. Die frei gelassenen Teigränder der schmalen Seite auf die Füllung klappen. Den Teig mithilfe des Geschirrtuchs von der längeren Seite aus aufrollen und an den Enden zusammendrücken.

5. Den Strudel auf ein Backblech (mit Backpapier belegt) legen, mit dem restlichen Eiweiß bestreichen und mit Hagelzucker bestreuen. Das Backblech in den vorgeheizten Backofen schieben. Den Strudel **etwa 35 Minuten backen.**

6. Den Strudel nach dem Backen etwas abkühlen lassen, in Stücke schneiden und warm servieren.

Quarkschaumtorte

Gut vorzubereiten - schnell

Insgesamt:
E: 155 g, F: 191 g, Kh: 259 g, kJ: 14435, kcal: 3449

Für die Quarkmasse:

175 g	*weiche Butter*
150 g	*Zucker*
1 Pck.	*Dr. Oetker Finesse Geriebene Zitronenschale*
2–3 EL	*Zitronensaft*
7	*Eier (Größe M)*
750 g	*Magerquark*
75 g	*Weizengrieß*

Zum Bestäuben:

etwas Puderzucker

Zubereitungszeit: 20 Minuten, ohne Abkühlzeit
Backzeit: etwa 60 Minuten

1. Den Backofen vorheizen.
Ober-/Unterhitze: etwa 180 °C
Heißluft: etwa 160 °C

2. Für die Quarkmasse Butter mit Handrührgerät mit Rührbesen auf höchster Stufe geschmeidig rühren. Nach und nach Zucker, Zitronenschale und -saft dazugeben. So lange rühren, bis eine gebundene Masse entstanden ist.

3. Die Eier nach und nach unterrühren (jedes Ei etwa ½ Minute). Quark mit Grieß portionsweise auf mittlerer Stufe unterrühren.

4. Quarkmasse in eine Springform (Ø 28 cm, Boden gefettet, mit Backpapier belegt) füllen und glatt streichen. Danach die Form auf dem Rost in den vorgeheizten Backofen schieben. Torte **etwa 60 Minuten backen.**

5. Die gebackene Torte in der Form noch etwa 30 Minuten im ausgeschalteten Backofen bei leicht geöffneter Backofentür stehen lassen. Dann die Form herausnehmen. Die Torte in der Form auf einem Kuchenrost erkalten lassen.

6. Quarkschaumtorte aus der Form lösen und auf eine Tortenplatte setzen. Die Torte mit Puderzucker bestäuben.

Tipps: Maximal einen Tag vor dem Verzehr zubereiten. Die Torte ist gefriergeeignet. Eine Tortenspitze mit Muster auf die Oberfläche legen, darüber Puderzucker sieben. Tortenspitze vorsichtig abheben.

Abwandlung: Statt dem Weizengrieß können auch 1 Päckchen Dr. Oetker Pudding-Pulver Vanille-Geschmack verwendet und zusätzlich 50 g Korinthen unter die Masse gehoben werden. Erfrischend schmeckt die Torte, wenn 390 g gut abgetropfte Stachelbeeren aus dem Glas unter die Masse gehoben werden.

Quark-Stachelbeer-Kuchen

Fruchtig

Insgesamt:
E: 95 g, F: 131 g, Kh: 416 g, kJ: 13999, kcal: 3343

Zum Vorbereiten:

100 g Sesamsamen

Für den Streuselteig:

100 g Weizenvollkornmehl
100 g Dinkelmehl
1 Prise Salz
1 Pck. Dr. Oetker Bourbon-Vanille-Zucker
100 g Butter oder Margarine
1 EL Milch
100 g flüssiger Honig
1 EL Sesamsamen

Für die Füllung:

250 g Magerquark
1 Ei (Größe M)
120 g flüssiger Honig
2 EL Milch
1 Pck. Dr. Oetker Finesse Geriebene Zitronenschale
1 EL Zitronensaft

400 g gedünstete Stachelbeeren
150 g Heidelbeeren

Zubereitungszeit: 30 Minuten, ohne Abkühlzeit
Backzeit: etwa 40 Minuten

1. Zum Vorbereiten Sesamsamen in einer Pfanne ohne Fett unter Rühren rösten und auf einem Teller abkühlen lassen. Den Backofen vorheizen.
Ober-/Unterhitze: etwa 180 °C
Heißluft: etwa 160 °C

2. Den gerösteten Sesam mit Weizenvollkornmehl, Dinkelmehl, Salz, Vanille-Zucker, Butter oder Margarine, Milch und Honig in eine Rührschüssel geben. Mit Handrührgerät mit Rührbesen zunächst kurz auf niedrigster, dann auf höchster Stufe zu Streuseln von gewünschter Größe verarbeiten.

3. Von den Streuseln 3 Esslöffel abnehmen und mit Sesamsamen mischen. Den restlichen Teig in eine Springform (Ø 26 cm, Boden gefettet) geben und mit einem Löffel leicht andrücken.

4. Für die Füllung Quark, Ei, Honig, Milch, Zitronenschale und -saft geschmeidig rühren und auf den Teig streichen.

5. Stachelbeeren kranzförmig auf der Füllung verteilen. In die Mitte die Heidelbeeren geben. Die Früchte mit den Sesamstreuseln bestreuen. Die Form auf dem Rost in den vorgeheizten Backofen schieben. Den Kuchen **etwa 40 Minuten backen.**

Tipps: Maximal einen Tag vor dem Verzehr zubereiten. Der Kuchen ist nicht gefriergeeignet. Er schmeckt auch sehr gut mit Rhabarber oder Johannisbeeren (frischen Rhabarber in feine Stücke schneiden).

Quarkstrudel mit Obst
Dauert länger

Insgesamt:
E: 102 g, F: 147 g, Kh: 411 g, kJ: 14970, kcal: 3573

Für den Strudelteig:

250 g Weizenmehl
1 Prise Salz
100 ml lauwarmes Wasser
1 Ei (Größe S)
1 EL Speiseöl

Für die Füllung:

100 g getrocknete, weiche Aprikosen
500 g säuerliche Äpfel
250 g Magerquark
150 g Crème fraîche
1 Ei (Größe M)
50 g Zucker
1 Pck. Dr. Oetker Vanillin-Zucker
1 geh. EL Speisestärke
abgeriebene Schale von
1 Bio-Zitrone
(unbehandelt, ungewachst)
1–2 EL Zitronensaft
50 g gehobelte Mandeln
75 g Rosinen

Zum Bestreichen:

50 g Butter

Zum Bestäuben:

25 g Puderzucker

Zubereitungszeit: 60 Minuten, ohne Ruhezeit
Backzeit: 40–45 Minuten

1. Für den das Teig Mehl in eine Rührschüssel geben. Die restlichen Zutaten für den Teig hinzufügen und mit Handrührgerät mit Knethaken zunächst kurz auf niedrigster, dann auf höchster Stufe zu einem glatten Teig verarbeiten. In einem kleinen Topf Wasser kochen, den Topf ausgießen und abtrocknen. Teig auf Backpapier in den heißen Topf legen, Topf mit einem Deckel verschließen. Anschließend den Teig etwa 30 Minuten ruhen lassen.

2. Für die Füllung die getrockneten Aprikosen in feine Streifen schneiden. Die Äpfel schälen, vierteln, entkernen und in dünne Scheiben schneiden. Den Backofen vorheizen.
Ober-/Unterhitze: etwa 180 °C
Heißluft: etwa 160 °C

3. Quark mit Crème fraîche, Ei, Zucker, Vanillin-Zucker, Speisestärke, Zitronenschale und -saft verrühren. Die Aprikosenstreifen, Apfelscheiben, Mandeln und Rosinen unterheben.

4. Den Strudelteig auf einem bemehlten Tuch dünn ausrollen, ihn dann mit den Händen zu einem Rechteck von etwa 50 x 70 cm ausziehen (er muss durchsichtig sein). Die Ränder, wenn sie dicker sind, abschneiden.

5. Zum Bestreichen die Butter zerlassen. Die Füllung auf zwei Drittel des Teiges verteilen (an den kürzeren Seiten etwa 3 cm Teig frei lassen). Auf den unbelegten Teig die Hälfte der Butter streichen, die Teigränder auf die Füllung schlagen. Den Teig mithilfe des Tuches, mit der Füllung beginnend, aufrollen. An den Enden fest zusammendrücken.

6. Den Strudel auf ein Backblech (gefettet) legen und mit der restlichen Butter bestreichen. Das Backblech in den vorgeheizten Backofen schieben und den Strudel **40–45 Minuten backen.**

7. Den Strudel sofort nach dem Backen mit Puderzucker bestäuben und warm servieren.

Tipps: Dazu schmeckt geschlagene Sahne oder Vanilleeis. Sollten die Aprikosen sehr hart sein, sie vorher 1–2 Stunden in Apfelsaft oder Wasser einweichen.

Rhabarber-Quark-Kuchen

Beliebt

Insgesamt:
E: 180 g, F: 340 g, Kh: 800 g, kJ: 29340, kcal: 7020

Für den Streuselteig:

400 g Weizenmehl
160 g Zucker
1 Eigelb (Größe L)
1 Prise Salz
250 g kalte Butter oder Margarine

Für den Belag:

1 kg Rhabarber
2 EL Zucker
1 Bio-Orange (unbehandelt, ungewachst)
750 g Speisequark (40 % Fett i. Tr.)
5 Eigelb (Größe L)
1 EL Speisestärke
250 g Zucker
1 Pck. Dr. Oetker Bourbon-Vanille-Zucker
6 Eiweiß (Größe L)

Zum Bestäuben:

2 EL Puderzucker

Zubereitungszeit: 60 Minuten, ohne Abkühlzeit
Backzeit: etwa 60 Minuten

1. Den Backofen vorheizen.
Ober-/Unterhitze: etwa 200 °C
Heißluft: etwa 180 °C

2. Für den Teig Mehl, Zucker, Eigelb und Salz in eine Rührschüssel geben. Butter oder Margarine in dünne Scheiben schneiden und hinzufügen. Die Zutaten mit Handrührgerät mit Rührbesen zunächst kurz auf niedrigster, dann auf höchster Stufe zu feinen Streuseln verarbeiten.

3. Die Teigstreusel in einem tiefen Backblech oder einer Fettpfanne (30 x 40 cm, gefettet, mit Backpapier belegt) verteilen und mit der flachen Hand gut zu einem Boden andrücken. Das Backblech oder die Fettpfanne in den vorgeheizten Backofen schieben. Den Streuselboden **etwa 15 Minuten vorbacken.**

4. Das Backblech oder die Fettpfanne auf einen Kuchenrost stellen. Die **Backofentemperatur um etwa 20 °C herunterschalten**.

5. Für den Belag Rhabarber abziehen, waschen, abtropfen lassen. Stielenden und Blattansätze entfernen. Die Stangen in etwa 2 cm große Stücke schneiden, in eine Rührschüssel geben und mit Zucker bestreuen. Die Orange heiß abwaschen, abtrocknen und die Schale abreiben. Die Orangenschale ebenfalls zu den Rhabarberscheiben geben und untermischen.

6. Quark mit Eigelb, Speisestärke, 150 g Zucker und Vanille-Zucker geschmeidig rühren.

7. Das Eiweiß mit Handrührgerät mit Rührbesen auf höchster Stufe steif schlagen. Der Schnee muss so fest sein, dass ein Messerschnitt sichtbar bleibt. Nach und nach restlichen Zucker einstreuen und weitere etwa 2 Minuten schlagen. Eischnee unter die Quarkmasse heben.

8. Die Rhabarberstücke auf dem vorgebackenen Streuselboden verteilen. Die Quarkmasse daraufgeben und glatt streichen. Das Backblech oder die Fettpfanne wieder in den vorgeheizten Backofen schieben. Den Rhabarber-Quark-Kuchen **in etwa 45 Minuten fertig backen.**

9. Den Kuchen **nach etwa 35 Minuten Backzeit** mit Backpapier belegen.

10. Das Backblech oder die Fettpfanne auf einen Kuchenrost stellen. Den Rhabarber-Quark-Kuchen erkalten lassen und mit Puderzucker bestäuben.

11. Die Kuchenränder evtl. gerade schneiden. Den Rhabarber-Quark-Kuchen in etwa 7 x 8 cm große Stücke schneiden.

Tipp: Falls nur ein flaches Backblech vorhanden ist, kann man das Backpapier an der flachen Seite etwas hochknicken oder einen Backrahmen um den Streuselboden stellen.

Ricotta-Torte

Mit Alkohol – ohne zu backen

Insgesamt:
E: 108 g, F: 319 g, Kh: 317 g, kJ: 20303, kcal: 4850

Für den Boden:
50 g Löffelbiskuits
80 g Butter

Für die Ricotta-Creme:
1 Pck. gemahlene Gelatine, weiß
6 EL Wasser
3 Eigelb (Größe M)
125 g Zucker
1 Pck. Dr. Oetker Bourbon-Vanille-Zucker
1 Pck. Dr. Oetker Finesse Geriebene Zitronenschale
1 Prise Salz
250 g Ricotta (ital. Frischkäse)
250 g Speisequark (40 % Fett i. Tr.)
3 EL Sambuca (Anislikör)
250 g Schlagsahne

Für den Rand:
30 g gehobelte Mandeln

Für den Belag:
250 g Schlagsahne
1 Pck. Dr. Oetker Sahnesteif
1 Pck. Dr. Oetker Vanillin-Zucker

Zum Bestäuben:
etwas Kakaopulver

Zubereitungszeit: 45 Minuten, ohne Kühl- und Quellzeit

1. Für den Boden Löffelbiskuits in einen Gefrierbeutel geben. Den Beutel fest verschließen und Löffelbiskuits mit einer Teigrolle fein zerbröseln. Die Brösel in eine Rührschüssel geben. Butter zerlassen, zu den Bröseln geben und gut verrühren.

2. Einen Springformrand (Ø 22 cm) auf eine mit Tortenspitze oder Backpapier belegte Tortenplatte stellen. Die Bröselmasse darin gleichmäßig verteilen und mit einem Esslöffel zu einem Boden andrücken. Den Tortenboden in den Kühlschrank stellen.

3. Für die Creme Gelatine mit kaltem Wasser in einem kleinen Topf anrühren und etwa 10 Minuten quellen lassen.

4. Eigelb, Zucker, Vanille-Zucker, Zitronenschale und Salz in eine Rühr- oder Edelstahlschüssel geben und im heißen Wasserbad bei mittlerer Hitze schaumig schlagen. So lange schlagen, bis eine dickflüssige Masse entstanden ist.

5. Die Schüssel aus dem Wasserbad nehmen. Die gequollene Gelatine unter Rühren erwärmen, bis sie völlig gelöst ist. Unter die Eigelbcreme rühren.

6. Ricotta und Quark unterrühren. Die Ricotta-Creme mit Sambuca abschmecken.

7. Sahne steif schlagen. Sobald die Masse anfängt dicklich zu werden, Sahne unterheben.

8. Die Ricotta-Sahne-Creme auf den Bröselboden geben und glatt streichen. Die Torte etwa 2 Stunden in den Kühlschrank stellen.

9. Mandeln in einer Pfanne ohne Fett unter Rühren goldbraun rösten, herausnehmen und auf einem Teller erkalten lassen. Anschließend den Springformrand lösen und entfernen.

10. Für den Belag Sahne mit Sahnesteif und Vanillin-Zucker steif schlagen. Drei Viertel der Sahne in einen Spritzbeutel mit Sterntülle füllen. Den Tortenrand mit der restlichen Sahne bestreichen. Den Rand mit den Mandeln garnieren.

11. Mit dem Spritzbeutel auf die Tortenoberfläche kleine Sahnehäubchen spritzen.

12. Die Torte etwa 30 Minuten in den Kühlschrank stellen. Die Ricotta-Torte vor dem Servieren mit Kakao bestäuben.

Sauerkirsch-Frischkäse-Torte

Schnell – ohne zu backen

Insgesamt:
E: 59 g, F: 308 g, Kh: 296 g, kJ: 17748, kcal: 4240

Für den Boden:
150 g Löffelbiskuits
125 g Butter oder Margarine

Für die Füllung:
350 g Sauerkirschen aus dem Glas
3 Blatt weiße Gelatine
200 g Doppelrahm-Frischkäse
400 g Schlagsahne
50 g Zucker
2 EL Zitronensaft

Für den Guss:
250 ml (1/4 l) Sauerkirschsaft aus dem Glas
1 Pck. ungezuckerter Tortenguss, klar
1 EL Zucker

Zubereitungszeit: 35 Minuten, ohne Kühlzeit

1. Für den Boden Löffelbiskuits in einen Gefrierbeutel geben. Beutel fest verschließen. Die Löffelbiskuits mit einer Teigrolle fein zerbröseln und in eine Rührschüssel geben. Butter oder Margarine zerlassen, zu den Bröseln geben und gut verrühren.

2. Dann einen Springformrand (Ø 26 cm) auf eine mit Tortenspitze oder Backpapier belegte Kuchenplatte stellen. Die Bröselmasse darin gleichmäßig verteilen und mit einem Löffel zu einem Boden andrücken. Den Tortenboden eine Zeit lang in den Kühlschrank stellen.

3. Für die Füllung Kirschen in einem Sieb abtropfen lassen. Den Saft dabei auffangen und evtl. mit Wasser auf 250 ml (1/4 l) auffüllen. Saft beiseitestellen. Die Kirschen auf dem Bröselboden verteilen.

4. Gelatine in kaltem Wasser nach Packungsanleitung einweichen. Frischkäse mit 100 g Sahne, Zucker und Zitronensaft verrühren. Eingeweichte Gelatine leicht ausdrücken und in einem kleinen Topf unter Rühren bei schwacher Hitze auflösen. Gelatine mit 2–3 Esslöffeln der Frischkäsemasse verrühren, dann unter die restliche Frischkäsemasse rühren. Die Masse in den Kühlschrank stellen.

5. Sobald die Masse anfängt dicklich zu werden, die restliche Sahne steif schlagen und unter die Frischkäsemasse heben. Dann die Frischkäsecreme auf den Kirschen verstreichen. Die Torte etwa 1 Stunde in den Kühlschrank stellen.

6. Für den Guss aus Sauerkirschsaft, Tortengusspulver und Zucker einen Guss nach Packungsanleitung (aber mit den hier angegebenen Zutaten) zubereiten. Dann den Guss auf die Frischkäsecreme geben und mithilfe eines Löffelstiels ein Marmormuster durch den Guss ziehen. Die Torte mindestens 1 Stunde in den Kühlschrank stellen.

Schnecken mit Aprikosen-Quark-Füllung

10 Stück

Fettarm

Insgesamt:
E: 107 g, F: 70 g, Kh: 301 g, kJ: 11780, kcal: 2810

Zum Vorbereiten:

200 g getrocknete Aprikosen (Softfrüchte)
50 ml Wasser oder Fruchtsaft
1 Eiweiß (Größe M)
1 Eigelb (Größe M)
250 g Magerquark

Für den Quark-Öl-Teig:

300 g Weizenmehl
1 Pck. Dr. Oetker Backin
125 g Magerquark
100 ml entrahmte Milch (0,3 % Fett)
50 ml Sonnenblumenöl
75 g Zucker
1 Pck. Dr. Oetker Finesse Geriebene Zitronenschale

Zum Bestreuen:

1 Pck. Dr. Oetker Vanillin-Zucker
½ TL gemahlener Zimt
1 EL gehobelte Mandeln

20 Papierbackförmchen

Zubereitungszeit: 40 Minuten
Backzeit: etwa 20 Minuten

1. Zum Vorbereiten Aprikosen klein schneiden und mit Wasser oder Saft mischen. Eiweiß mit Handrührgerät mit Rührbesen auf höchster Stufe steif schlagen. Der Schnee muss so fest sein, dass ein Messerschnitt sichtbar bleibt. In einer anderen Schüssel Eigelb mit Quark verrühren. Eischnee unterheben. Die klein geschnittenen Aprikosen ebenfalls unterheben.

2. Den Backofen vorheizen.
Ober-/Unterhitze: etwa 180 °C
Heißluft: etwa 160 °C

3. Für den Teig das Mehl mit Backpulver in einer Rührschüssel mischen. Restliche Zutaten hinzufügen und alles mit Handrührgerät mit Knethaken auf höchster Stufe in etwa 1 Minute zu einem Teig verarbeiten (nicht zu lange, der Teig klebt sonst).

4. Anschließend den Teig auf der leicht bemehlten Arbeitsfläche zu einer Rolle formen und zu einem Rechteck (etwa 48 x 25 cm) ausrollen. Aprikosen-Quark-Masse darauf verteilen, dabei am Rand etwa 2 cm frei lassen. Den Teig von der längeren Seite her aufrollen.

5. Jeweils 2 Papierbackförmchen ineinanderstellen und auf einem Backblech verteilen. Die Teigrolle in etwa 4 cm dicke Scheiben schneiden. Teigscheiben waagerecht in die Papierbackförmchen legen.

6. Zum Bestreuen Vanillin-Zucker mit Zimt mischen. Zimtzucker auf die Teigröllchen streuen. Die Mandeln darauf verteilen. Das Backblech in den vorgeheizten Backofen schieben. Die Schnecken **etwa 20 Minuten backen.**

7. Die Schnecken mit den Papierbackförmchen vom Backblech nehmen und auf einem Kuchenrost erkalten lassen.

Tipps: Sie können die Schnecken auch in einer Muffinform (für 12 Muffins) backen. Besonders saftig werden die Schnecken, wenn Sie statt der getrockneten Aprikosen 240 g gut abgetropfte Aprikosenhälften aus der Dose verwenden.

Schoko-Ananasquark-Kuchen

Schnell - ohne zu backen

Insgesamt:
E: 124 g, F: 225 g, Kh: 558 g, kJ: 20130, kcal: 4799

Für den Boden:
150 g Zartbitter-Schokolade
25 g Butter oder Margarine
150 g Schokoladen-Reis-Flakes

Für den Belag:
10–12 Blatt weiße Gelatine
500 g Magerquark
150 g Ananas-Joghurt
100 g Zucker
1 Pck. Dr. Oetker Vanillin-Zucker
abgeriebene Schale von
1 Bio-Zitrone
(unbehandelt, ungewachst)
2 EL Zitronensaft
1 Dose Ananasraspel
(Einwaage 430 g)
200 g Schlagsahne

Zum Verzieren und Garnieren:
200 g Schlagsahne
1 Pck. Dr. Oetker Sahnesteif
2–3 EL Schokoladen-Reis-Flakes
50 g Zartbitter-Schokolade

Zubereitungszeit: 25 Minuten, ohne Kühlzeit

1. Für den Boden Schokolade in Stücke brechen, in einem kleinen Topf im heißen Wasserbad mit Butter oder Margarine bei schwacher Hitze unter Rühren schmelzen. Schokoladen-Reis-Flakes im Blitzhacker fein zerbröseln und unter die Schokoladenmischung rühren.

2. Einen Springformrand (Ø 26 cm) auf eine mit Tortenspitze oder Backpapier belegte Tortenplatte stellen. Die Schokoladen-Reis-Flakes-Masse darin gleichmäßig verteilen und mit einem Löffel fest zu einem Boden andrücken.

3. Den Tortenboden in den Kühlschrank stellen.

4. Für den Belag die Gelatine in kaltem Wasser nach Packungsanleitung einweichen. Quark mit Joghurt, Zucker, Vanillin-Zucker, Zitronenschale und -saft gut verrühren. Ananasraspel mit dem Saft aus der Dose unterrühren. Eingeweichte Gelatine leicht ausdrücken und in einem kleinen Topf bei schwacher Hitze unter Rühren auflösen. Gelatine mit etwa 3 Esslöffeln von der Quark-Ananas-Masse verrühren, dann unter die restliche Quark-Ananas-Masse rühren. In den Kühlschrank stellen.

5. Die Sahne steif schlagen. Wenn die Masse anfängt dicklich zu werden, Sahne unterheben. Die Quarkcreme auf den Schokoladen-Reis-Flakes-Boden geben und glatt streichen. Die Torte etwa 1–2 Stunden in den Kühlschrank stellen. Den Springformrand lösen und entfernen.

6. Zum Verzieren und Garnieren Sahne mit Sahnesteif steif schlagen und in einen Spritzbeutel mit Sterntülle füllen. Die Tortenoberfläche mit Sahnetuffs verzieren und mit Schokoladen-Reis-Flakes bestreuen.

7. Zartbitter-Schokolade wie unter Punkt 1 beschrieben schmelzen. In einen Gefrierbeutel füllen, eine kleine Ecke abschneiden und die Tortenoberfläche mit der Schokolade besprenkeln. Die Torte bis zum Servieren in den Kühlschrank stellen.

Tipps: Nehmen Sie eine größere Menge Gelatine, wenn Sie die Torte im Sommer zubereiten oder die Torte länger in einer warmen Umgebung steht. Die Torte lässt sich gut vorbereiten und ist im Kühlschrank 2–3 Tage haltbar.

Schokotorte, knusprige

Ohne zu backen

Insgesamt:
E: 112 g, F: 374 g, Kh: 370 g, kJ: 22276, kcal: 5317

Für den Boden:

2 Erdnussriegel (je 40 g)
100 g Vollkorn Haferfleks® Klassik (Kölln)
150 g Zartbitter-Schokolade
20 g Butter

Für die Creme:

6 Blatt weiße Gelatine
1 Pck. Dr. Oetker Pudding-Pulver Schokoladen-Geschmack
50 g Zucker
500 ml (1/2 l) Milch
100 g Zartbitter-Schokolade
200 g Doppelrahm-Frischkäse
200 g Schlagsahne
1 Erdnussriegel (40 g)

Zum Garnieren und Verzieren:

1 Erdnussriegel (40 g)
200 g Schlagsahne
30 g Zartbitter-Schokolade

Zubereitungszeit: 40 Minuten, ohne Kühlzeit

1. Für den Boden Erdnussriegel grob hacken und mit Haferfleks mischen. Die Schokolade in Stücke brechen, mit der Butter in einem kleinen Topf im Wasserbad zerlassen. Schoko-Butter-Mischung zu dem Erdnuss-Hafefleks-Gemisch geben. Alles gut vermengen.

2. Die Masse in einer Springform (Ø 26 cm, Boden gefettet, mit Backpapier belegt) verteilen und mit einem Löffel zu einem Boden andrücken. Den Boden eine Zeit lang in den Kühlschrank stellen und fest werden lassen.

3. Für die Creme die Gelatine in kaltem Wasser nach Packungsanleitung einweichen. Aus Pudding-Pulver, Zucker und Milch nach Packungsanleitung einen Pudding zubereiten.

4. Eingeweichte Gelatine leicht ausdrücken und unter Rühren in dem heißen Pudding auflösen. Schokolade fein hacken und unterrühren. Frischkäse ebenfalls unterrühren. Sahne steif schlagen und unterheben. Den Erdnussriegel grob hacken und ebenfalls unterheben.

5. Die Puddingcreme auf den Knusperboden geben und glatt streichen. Die Torte mindestens 4 Stunden in den Kühlschrank stellen.

6. Die Torte vorsichtig aus der Springform lösen, den Springformrand entfernen. Die Torte mit einer Palette oder einem Heber vom Backpapier auf eine Tortenplatte ziehen.

7. Zum Garnieren und Verzieren den Erdnussriegel grob hacken. Die Sahne steif schlagen und in einen Spritzbeutel mit Lochtülle (Ø etwa 12 mm) füllen. Dicke Sahnetupfen auf den Tortenrand spritzen.

8. Schokolade in Stücke brechen und im Wasserbad, wie unter Punkt 1 beschrieben, schmelzen. Gehackten Erdnussriegel in die Mitte der Torte streuen. Schokolade in einen Gefrierbeutel füllen. Eine kleine Ecke des Gefrierbeutels abschneiden, Torte mit der Schokolade besprenkeln. Schokolade fest werden lassen.

Stachelbeer-Käsekuchen

Fruchtig

Insgesamt:
E: 104 g, F: 159 g, Kh: 386 g, kJ: 14732, kcal: 3518

Für den Grießboden:
200 ml Milch
50 g Butter oder Margarine
1 Prise Salz
50 g Hartweizengrieß
50 g gehackte Mandeln
2 Eier (Größe M)
50 g Zucker

Für den Belag:
390 g Stachelbeeren aus dem Glas

Für die Füllung:
100 g gewürfeltes Zitronat (Succade)
500 g Speisequark (40 % Fett i. Tr.)
2 Eier (Größe M)
60 g Zucker
20 g Speisestärke
1 Pck. Dr. Oetker Finesse Geriebene Zitronenschale

Für den Guss:
1 Pck. ungezuckerter Tortenguss, klar
2 EL Zucker
250 ml (1/4 l) Stachelbeersaft aus dem Glas

Zubereitungszeit: 40 Minuten, ohne Abkühlzeit
Backzeit: etwa 35 Minuten

1. Für den Boden Milch mit Butter oder Margarine und Salz in einem Topf zum Kochen bringen. Grieß einrieseln lassen und unterrühren. Grieß bei schwacher Hitze etwa 2 Minuten quellen lassen. Topf von der Kochstelle nehmen. Mandeln, Eier und Zucker mit Handrührgerät mit Rührbesen unter die Grießmasse rühren.

2. Den heißen Grießbrei in eine Tarteform (Ø 28 cm, Boden gefettet) geben und glatt streichen. Den Grießbrei mit einem kalt abgespülten Löffel am Formrand hochdrücken. Den Löffel evtl. zwischendurch nochmals abspülen. Grießbrei etwas abkühlen lassen. Den Backofen vorheizen.
Ober-/Unterhitze: etwa 180 °C
Heißluft: etwa 160 °C

3. Für den Belag die Stachelbeeren in einem Sieb abtropfen lassen. Den Saft dabei auffangen und 250 ml (1/4 l) davon abmessen und beiseitestellen.

4. Für die Füllung Zitronat sehr fein hacken. Den Quark mit Eiern, Zucker, Zitronat, Speisestärke und Zitronenschale verrühren. Die Masse auf den Grießboden geben und glatt streichen. Die Stachelbeeren darauf verteilen. Die Form auf dem Rost in den vorgeheizten Backofen schieben. Tarte **etwa 35 Minuten backen.**

5. Die Form auf einen Kuchenrost stellen. Den Kuchen in der Form erkalten lassen.

6. Für den Guss aus Tortengusspulver, Zucker und beiseitegestelltem Stachelbeersaft nach Packungsanleitung einen Guss zubereiten und auf dem Kuchen verteilen. Guss fest werden lassen.

Streusel-Käsekuchen

Einfach

Insgesamt:
E: 156 g, F: 216 g, Kh: 564 g, kJ: 20592, kcal: 4920

Für den Knetteig:
150 g Weizenmehl
½ gestr. TL Dr. Oetker Backin
75 g Zucker
1 Pck. Dr. Oetker Vanillin-Zucker
1 Prise Salz
1 Ei (Größe M)
75 g Butter oder Margarine

Für die Quarkmasse:
3 Eiweiß (Größe M)
1 Prise Salz
750 g Magerquark
200 g Schlagsahne
3 EL Zitronensaft
3 Eigelb (Größe M)
150 g Zucker
1 Pck. Dr. Oetker Pudding-Pulver Vanille-Geschmack

Für die Streusel:
100 g Weizenmehl
75 g Zucker
1 Pck. Dr. Oetker Vanillin-Zucker
75 g Butter

Zubereitungszeit: 50 Minuten, ohne Abkühlzeit
Backzeit: etwa 85 Minuten

1. Für den Teig Mehl mit Backpulver in einer Rührschüssel mischen. Restliche Zutaten hinzufügen und mit Handrührgerät mit Knethaken zunächst kurz auf niedrigster, dann auf höchster Stufe gut durcharbeiten.

2. Anschließend auf der leicht bemehlten Arbeitsfläche kurz verkneten. Sollte er kleben, ihn in Folie gewickelt eine Zeit lang in den Kühlschrank legen.

3. Den Backofen vorheizen.
Ober-/Unterhitze: etwa 200 °C
Heißluft: etwa 180 °C

4. Dann zwei Drittel des Teiges auf dem Boden einer Springform (Ø 26 cm, gefettet) ausrollen. Teigboden mehrmals mit einer Gabel einstechen. Den Springformrand darumstellen. Die Form auf dem Rost in den vorgeheizten Backofen schieben und den Boden **etwa 10 Minuten vorbacken.**

5. Die Form auf einen Kuchenrost stellen. Den Boden etwas abkühlen lassen. Restlichen Teig zu einer Rolle formen, als Rand auf den Teigboden legen und so an die Form drücken, dass ein etwa 3 cm hoher Rand entsteht.

6. Für die Quarkmasse Eiweiß mit Salz mit Handrührgerät mit Rührbesen auf höchster Stufe steif schlagen. Der Schnee muss so fest sein, dass ein Messerschnitt sichtbar bleibt. Quark, Sahne, Zitronensaft und Eigelb in eine andere Schüssel geben. Zucker mit Pudding-Pulver vermischen und hinzufügen. Die Zutaten mit Handrührgerät mit Rührbesen geschmeidig rühren. Eischnee unterheben.

7. Die Quarkmasse auf den vorgebackenen Boden geben und glatt streichen.

8. Für die Streusel Mehl in eine Rührschüssel geben. Zucker, Vanillin-Zucker und Butter hinzufügen. Die Zutaten mit Handrührgerät mit Rührbesen zunächst kurz auf niedrigster, dann auf höchster Stufe zu Streuseln von gewünschter Größe verarbeiten. Streusel gleichmäßig auf der Quarkmasse verteilen. Die Form wieder auf dem Rost in den vorgeheizten Backofen schieben. Den Käsekuchen **bei gleicher Backofeneinstellung in etwa 75 Minuten fertig backen.**

9. Den Kuchen nach der Backzeit noch etwa 15 Minuten bei leicht geöffneter Backofentür im ausgeschalteten Backofen stehen lassen.

10. Die Form auf einen Kuchenrost stellen. Den Kuchen etwas abkühlen lassen. Anschließend vorsichtig den Springformrand lösen und entfernen. Den Kuchen auf dem Springformboden erkalten lassen.

11. Den Kuchen vor dem Servieren vom Springformboden lösen und auf eine Tortenplatte setzen.

Tränchentorte

Gut vorzubereiten

Insgesamt:
E: 120 g, F: 181 g, Kh: 540 g, kJ: 17964, kcal: 4291

Für den Knetteig:

150 g Weizenmehl
1 gestr. TL Dr. Oetker Backin
75 g Zucker
1 Pck. Dr. Oetker Vanillin-Zucker
1 Ei (Größe M)
50 g Butter

Für den Belag:

175 g Mandarinen aus der Dose
500 g Magerquark
150 g Zucker
3 Eigelb (Größe M)
1 Pck. Dr. Oetker Pudding-Pulver Vanille-Geschmack
100 ml Speiseöl, z. B. Sonnenblumenöl
3 TL Zitronensaft
250 ml (1/4 l) Milch

Für die Baisermasse:

3 Eiweiß (Größe M)
100 g Zucker

Zubereitungszeit: 50 Minuten, ohne Abkühlzeit
Backzeit: etwa 70 Minuten

1. Für den Teig Mehl mit Backpulver in einer Rührschüssel mischen. Restliche Zutaten hinzufügen und mit Handrührgerät mit Knethaken zunächst kurz auf niedrigster, dann auf höchster Stufe gut durcharbeiten. Anschließend den Teig auf der leicht bemehlten Arbeitsfläche kurz verkneten. Sollte er kleben, ihn in Folie gewickelt eine Zeit lang in den Kühlschrank legen.

2. Zwei Drittel des Teiges auf dem Boden einer Springform (Ø 26 cm, gefettet) ausrollen. Teigboden mehrmals mit einer Gabel einstechen. Den Springformrand um den Boden stellen. Den Rest des Teiges zu einer Rolle formen, auf den Boden legen und dann so an die Form drücken, dass ein etwa 3 cm hoher Rand entsteht.

3. Den Backofen vorheizen.
Ober-/Unterhitze: etwa 180 °C
Heißluft: etwa 160 °C

4. Für den Belag Mandarinen in einem Sieb gut abtropfen lassen. Quark, Zucker, Eigelb, Pudding-Pulver, Öl, Zitronensaft und Milch verrühren. Die abgetropften Mandarinen unter die Quarkmasse heben, in die Springform füllen und glatt streichen. Die Form auf dem Rost im unteren Drittel in den vorgeheizten Backofen schieben. Torte **etwa 60 Minuten backen.**

5. Für die Baisermasse Eiweiß mit Handrührgerät mit Rührbesen auf höchster Stufe steif schlagen. Der Schnee muss so fest sein, dass ein Messerschnitt sichtbar bleibt. Nach und nach Zucker kurz unterschlagen.

6. Die Torte nach Beendigung der Backzeit aus dem Backofen nehmen und die Baisermasse darauf verstreichen. Die Torte auf mittlerer Einschubhöhe **bei gleicher Backofeneinstellung noch etwa 10 Minuten fertig backen,** bis die Baisermasse Farbe angenommen hat.

7. Die Torte etwa 10 Minuten auf einem Kuchenrost abkühlen lassen. Anschließend aus der Form lösen und auf einem Kuchenrost erkalten lassen. Die „Tränchen“ bilden sich erst, wenn die Torte richtig ausgekühlt ist.

Tutti-Frutti-Käsekuchen, mini

Fruchtig

Insgesamt:
E: 56 g, F: 247 g, Kh: 291 g, kJ: 15405, kcal: 3678

Für den Knetteig:

120 g Weizenmehl
35 g Zucker
1 EL Milch
75 g Butter

Für den Belag:

170 g Sauerkirschen
1 Bio-Orange (unbehandelt, ungewachst)
2 Eiweiß (Größe M)
2 Eigelb (Größe M)
75 g weiche Butter
70 g Zucker
250 g Mascarpone (ital. Frischkäse)
100 g Magerquark
1 Pck. Dr. Oetker Pudding-Pulver Vanille-Geschmack
1–2 EL Weizenmehl

Zubereitungszeit: 40 Minuten
Backzeit: etwa 65 Minuten

1. Für den Teig das Mehl in eine Rührschüssel geben. Restliche Zutaten hinzufügen und mit Handrührgerät mit Knethaken auf höchster Stufe gut durcharbeiten. Dann den Teig auf der leicht bemehlten Arbeitsfläche kurz verkneten. Sollte er kleben, ihn in Folie gewickelt eine Zeit lang in den Kühlschrank legen.

2. Den Backofen vorheizen.
Ober-/Unterhitze: etwa 180 °C
Heißluft: etwa 160 °C

3. Zwei Drittel des Teiges auf dem Boden einer Springform (Ø 18 cm, Boden gefettet) ausrollen. Teigboden mehrmals mit einer Gabel einstechen. Den Springformrand um den Boden stellen. Den Rest des Teiges zu einer Rolle formen, auf den Boden legen und so an die Form drücken, dass ein etwa 3 cm hoher Rand entsteht.

4. Für die Füllung die Kirschen abspülen, entsteinen und gut abtropfen lassen. Die Orange heiß abwaschen und trocken tupfen. Etwa ein Drittel der Schale dünn abreiben. Die Orange so schälen, dass die weiße Haut mitentfernt wird. Die Fruchtfilets herausschneiden und den Saft auffangen. Große Fruchtfilets halbieren.

5. Das Eiweiß mit Handrührgerät mit Rührbesen auf höchster Stufe steif schlagen. Der Schnee muss so fest sein, dass ein Messerschnitt sichtbar bleibt. In einer anderen Schüssel Eigelb mit Butter und Zucker schaumig rühren. Mascarpone, Quark und Pudding-Pulver unterrühren. 2 Esslöffel Orangensaft, -schale und -filets dazugeben und vorsichtig unterrühren.

6. Eischnee unter die Quarkmasse heben. Kirschen in Mehl wenden und locker unter die Quarkmasse heben. Die Masse auf den Teig in die Springform geben. Die Form auf dem Rost in den vorgeheizten Backofen schieben. Den Kuchen **etwa 65 Minuten backen.**

7. Die Form auf einen Kuchenrost stellen. Den Kuchen in der Form erkalten lassen.

Tipp: Statt der frischen Kirschen, 150 g gut abgetropfte Sauerkirschen aus dem Glas verwenden.

Vanille-Eierschecke

Dauert länger

Insgesamt:
E: 246 g, F: 411 g, Kh: 590 g, kJ: 30676, kcal: 7324

Für den Hefeteig:
50 g Butter oder Margarine
200 g Weizenmehl
½ Pck. frische Hefe (21 g)
75 ml Milch
40 g Zucker
1 Pck. Dr. Oetker Vanillin-Zucker
1 Ei (Größe M)

Für den Quarkbelag:
80 g weiche Butter
150 g Zucker
3 Eier (Größe M)
1 kg Magerquark
50 g abgezogene, gemahlene Mandeln

Für den Vanilleguss:
2 Pck. Dr. Oetker Pudding-Pulver Vanille-Geschmack
500 ml (½ l) Milch
1 Vanilleschote
250 g Butter
100 g Zucker
4 Eigelb (Größe M)
4 Eiweiß (Größe M)

Zum Bestäuben:
2 EL Puderzucker

Zubereitungszeit: 65 Minuten, ohne Teiggeh- und Abkühlzeit
Backzeit: etwa 45 Minuten

1. Für den Teig Butter oder Margarine zerlassen und abkühlen lassen. Das Mehl in eine Rührschüssel geben und in die Mitte eine Vertiefung eindrücken. Die Hefe hineinbröckeln, mit etwas Milch und Zucker verrühren und etwa 15 Minuten stehen lassen.

2. Anschließend die restlichen Zutaten und die Butter hinzufügen und mit Handrührgerät mit Knethaken zunächst auf niedrigster, dann auf höchster Stufe in etwa 5 Minuten zu einem glatten Teig verarbeiten. Den Teig zugedeckt so lange an einem warmen Ort gehen lassen, bis er sich sichtbar vergrößert hat.

3. Für den Belag Butter und Zucker mit Handrührgerät mit Rührbesen geschmeidig rühren. Eier nach und nach unterrühren (jedes Ei etwa ½ Minute). Quark und Mandeln unterheben.

4. Für den Guss das Pudding-Pulver mit etwas von der Milch anrühren. Die restliche Milch mit eingeritzter Vanilleschote, Butter und Zucker in einem Topf zum Kochen bringen. Den Topf von der Kochstelle nehmen und angerührtes Pudding-Pulver in die Milch rühren. Nochmals gut aufkochen lassen. Vanilleschote herausnehmen, das Mark herauskratzen und in den Pudding rühren.

5. Das Eigelb in einer Tasse verrühren, etwas von dem Pudding unterrühren, dann die Eigelb-Pudding-Masse unter den warmen Pudding rühren. Pudding etwas abkühlen lassen.

6. Den Backofen vorheizen.
Ober-/Unterhitze: etwa 180 °C
Heißluft: etwa 160 °C

7. Den gegangenen Teig leicht mit Mehl bestäuben und auf einer leicht bemehlten Arbeitsfläche nochmals kurz durchkneten. Den Teig in einem tiefen Backblech oder einer Fettpfanne (30 x 40 cm, gefettet) ausrollen. Den Quarkbelag daraufgeben und glatt streichen.

8. Das Eiweiß mit Handrührgerät mit Rührbesen auf höchster Stufe steif schlagen. Der Schnee muss so fest sein, dass ein Messerschnitt sichtbar bleibt. Den Eischnee vorsichtig unter den Pudding heben. Den Pudding auf der Quarkmasse verteilen.

9. Das Backblech oder die Fettpfanne in den vorgeheizten Backofen schieben. Den Kuchen **etwa 45 Minuten backen.**

10. Das Backblech oder die Fettpfanne auf einen Kuchenrost stellen. Den Kuchen erkalten lassen und mit Puderzucker bestäuben.

Weihnachts-Frischkäse-Torte

Ohne zu backen

Insgesamt:
E: 118 g, F: 417 g, Kh: 411 g, kJ: 24571, kcal: 5873

Für den Boden und den Rand:

50 g Zartbitter-Schokolade
75 g Butter
250 g Mandel-Spekulatius (ersatzweise Buttergebäck mit Mandeln)

Zum Garnieren:

200 g Zartbitter-Schokolade
2 TL Speiseöl

Für den Belag:

6 Blatt weiße Gelatine
600 g Doppelrahm-Frischkäse
40 g Zucker
100 ml Milch
1 Pck. Dr. Oetker Bourbon-Vanille-Zucker
360 g Apfelkompott aus dem Glas
je 1 Msp. gemahlene Gewürznelken, Zimt und Kardamom

Zubereitungszeit: 50 Minuten, ohne Kühlzeit

1. Für den Boden die Schokolade in Stücke brechen. Butter in einem kleinen Topf zerlassen und von der Kochstelle nehmen. Die Schokolade in den Topf geben und unter Rühren in der Butter auflösen.

2. Für den Tortenrand so viele Spekulatius in eine Springform (Ø 26 cm, Boden gefettet, mit Backpapier belegt) stellen, dass ein geschlossener Rand entsteht. Spekulatius wieder herausnehmen und mit einem Sägemesser quer halbieren. Jeweils die obere Hälfte der Spekulatius für den Tortenrand beiseitelegen.

3. Restliche Spekulatius in einen Gefrierbeutel füllen. Den Beutel fest verschließen und die Spekulatius mit einer Teigrolle fein zerbröseln. Die Brösel unter die Butter-Schoko-Masse rühren, in der Form verteilen und mit einem Löffel zu einem Boden andrücken. Die beiseitegestellten Spekulatiushälften wieder als Tortenrand in die Springform stellen und vorsichtig an den Tortenrand drücken. Den Boden eine Zeit lang in den Kühlschrank stellen.

4. Zum Garnieren die Schokolade in Stücke brechen. Mit dem Speiseöl in einem kleinen Topf im Wasserbad schmelzen. Schokolade von der Kochstelle nehmen.

5. Ein Viertel der Schokolade auf ein Stück Backpapier geben, etwa 2 mm dick verstreichen und fest werden lassen. Mit Stern-Ausstechern 8–10 unterschiedlich große Sterne ausstechen. Restliche Schokolade wieder in das Wasserbad setzen.

6. Für den Belag die Gelatine in kaltem Wasser nach Packungsanleitung einweichen. Frischkäse mit Zucker, Milch und Vanille-Zucker verrühren. Gelatine in einem kleinen Topf bei schwacher Hitze unter Rühren auflösen. 4 Esslöffel von der Frischkäsemasse unter die Gelatine rühren, dann die Gelatinemasse unter die restliche Frischkäsemasse rühren.

7. Knapp ein Drittel der Frischkäsemasse abnehmen, mit dem Apfelkompott verrühren, in die Springform füllen und glatt streichen. Restliche Frischkäsemasse mit den Gewürzen und der restlichen geschmolzenen Schokolade verrühren. Die Masse vorsichtig esslöffelweise auf der Apfelmus-Frischkäse-Masse verteilen und glatt streichen. Die Torte etwa 3 Stunden in den Kühlschrank stellen.

8. Die Torte vorsichtig aus der Springform lösen, den Springformrand entfernen. Die Torte mit einer Palette oder einem Heber vom Backpapier auf eine Tortenplatte ziehen. Torte mit den Schokosternen garnieren.

Weiße Zitronen-Flakes-Torte

Ohne zu backen

Insgesamt:
E: 74 g, F: 215 g, Kh: 416 g, kJ: 16792, kcal: 4004

Für den Boden:

200 g Vitalis Knusperflakes mit gerösteten Mandeln
150 g weiße Schokolade
75 g Butter

Für den Belag:

7 Blatt weiße Gelatine
200 g Schlagsahne
1 Pck. Quarkfein Zitrone (Dessertpulver)
250 g Speisequark (20 % Fett i. Tr.)
300 g Joghurt
1 Pck. Dr. Oetker Finesse Geriebene Zitronenschale
50 g Zucker

Zum Garnieren:

1 Zitrone
etwas Zitronenmelisse

Zubereitungszeit: 45 Minuten, ohne Kühlzeit

1. Für den Boden Knusperflakes in einen großen Gefrierbeutel füllen. Den Beutel fest verschließen und die Flakes mit einer Teigrolle fein zerbröseln. Schokolade in Stücke brechen. Butter in einem kleinen Topf zerlassen und von der Kochstelle nehmen. Die Schokolade in den Topf geben und unter Rühren in der Butter auflösen. Anschließend die Flakes-Brösel unterrühren.

2. Ein Schneidbrett mit Backpapier belegen. Mit 2 Teelöffeln 12 haselnussgroße Portionen der Flakes-Masse daraufsetzen und kalt stellen. Restliche Flakes-Masse in einer Springform (Ø 26 cm, Boden gefettet, mit Backpapier belegt) verteilen und mit einem Löffel zu einem Boden andrücken. Den Boden etwa 20 Minuten in den Kühlschrank stellen.

3. Für den Belag die Gelatine in kaltem Wasser nach Packungsanleitung einweichen. Sahne steif schlagen. Dessertpulver mit Quark verrühren. Anschließend Joghurt, Zitronenschale und Zucker unterrühren. Die Gelatine leicht ausdrücken und in einem kleinen Topf bei schwacher Hitze unter Rühren auflösen. 4 Esslöffel von der Creme mit einem Schneebesen nach und nach unter die Gelatine rühren, dann die Gelatinemasse unter die restliche Creme rühren.

4. Sobald die Creme beginnt dicklich zu werden, die Sahne vorsichtig unterheben. Die Creme in die Springform füllen und wellenförmig verstreichen. Die Torte 2–3 Stunden in den Kühlschrank stellen.

5. Die Torte vorsichtig aus der Springform lösen, den Springformrand entfernen. Die Torte mit einer Palette oder einem Heber vom Backpapier auf eine Tortenplatte ziehen.

6. Zum Garnieren die Zitrone schälen, dabei die weiße Haut mitentfernen. Die Fruchtfilets herausschneiden und auf Küchenpapier abtropfen lassen. Die Torte mit den Knusperhäufchen, Zitronenfilets und Zitronenmelisse garnieren.

White-Chocolate-Rasberry-Cake

Ohne zu backen

Insgesamt:
E: 57 g, F: 317 g, Kh: 293 g, kJ: 18009, kcal: 4303

Für den Boden:

50 g weiße Kuvertüre
150 g kernige Haferflocken
1 EL Zucker
50 g Butter

Für die Füllung:

200 g weiße Kuvertüre
150 g Mascarpone (ital. Frischkäse)
100 g Crème fraîche
250 g Schlagsahne
1 EL Zucker
1 Pck. Dr. Oetker Sahnesteif

Für den Belag:

350 g frische Himbeeren

Zubereitungszeit: 50 Minuten, ohne Kühlzeit

1. Für den Boden Kuvertüre in Stücke brechen und in einem kleinen Topf im Wasserbad bei schwacher Hitze unter Rühren schmelzen.

2. Haferflocken und Zucker in einer Pfanne ohne Fett anrösten. Butter in kleinen Flocken zugeben und unterrühren. Einen Tortenring (Ø 22 cm) auf eine mit Backpapier belegte Tortenplatte stellen. Flüssige Kuvertüre zu den ausgekühlten Haferflocken geben und gut verrühren.

3. Die Haferflockenmasse in dem Tortenring verteilen und mit einem Löffel fest zu einem Boden andrücken. Den Boden für mindestens 10 Minuten in den Kühlschrank stellen.

4. Für die Füllung Kuvertüre wie unter Punkt 1 beschrieben schmelzen. Mascarpone mit Crème fraîche verrühren. In einer anderen Schüssel die Sahne mit Zucker und Sahnesteif steif schlagen. Sahne unter die Mascarpone-Masse heben und 80 g der flüssigen Kuvertüre kurz unterrühren (es sollen Kuvertüreflocken in der Sahne sein). Restliche Kuvertüre beiseitestellen. Mascarpone-Creme zügig auf den Haferflockenboden geben und glatt streichen.

5. Frische Himbeeren verlesen und auf der Mascarpone-Creme verteilen. Anschließend den Cheescake in den Kühlschrank stellen.

6. Auf einem Stück Backpapier ein Rechteck (etwa 9 x 36 cm) zeichnen und umdrehen. Restliche Kuvertüre auf dem Rechteck glatt streichen und schnittfest, aber nicht hart werden lassen. Sobald die Kuvertüre schnittfest ist, sie längs mittig durchschneiden und dann alle 4 cm quer durchschneiden.

7. Den White-Chocolate-Rasberry-Cake vorsichtig aus dem Tortenring schneiden und die weißen Schokoladenplättchen vorsichtig an den Tortenrand drücken. Nochmals 2 Stunden in den Kühlschrank stellen.

Tipp: Zum Dekorieren um die Torte ein Satinband mit Schleife binden.

Winzerschnitten

Ohne zu backen

Insgesamt:
E: 36 g, F: 184 g, Kh: 316 g, kJ: 13242, kcal: 3162

Für den Boden:

100 g Zwieback
80 g Butter
1/2 Pck. Dr. Oetker Bourbon-Vanille-Zucker

Für die Creme:

5 Blatt weiße Gelatine
250 g Mascarpone (ital. Frischkäse)
250 g Joghurt
1 Pck. Dr. Oetker Finesse Geriebene Zitronenschale
100 g Zucker

Für den Belag:

170 g blaue Weintrauben
170 g grüne Weintrauben

Für den Guss:

1 Pck. ungezuckerter Tortenguss, klar
2 EL Zucker
250 ml (1/4 l) Apfelsaft

Zubereitungszeit: 35 Minuten, ohne Kühlzeit

1. Für den Boden Zwieback in einen Gefrierbeutel geben. Den Beutel fest verschließen. Zwieback mit einer Teigrolle fein zerbröseln. Die Brösel in eine Schüssel geben.

2. Butter zerlassen. Mit Vanille-Zucker zu den Bröseln geben und gut vermischen. Die Bröselmasse in einer Kastenform (25 x 11 cm, gefettet und so mit Backpapier belegt, dass es an den Seiten übersteht) verteilen und zu einem Boden andrücken. Die Form in den Kühlschrank stellen. Den Boden fest werden lassen.

3. Für die Creme Gelatine nach Packungsanleitung in kaltem Wasser einweichen. Mascarpone, Joghurt, Zitronenschale und Zucker cremig rühren. Gelatine ausdrücken und in einem kleinen Topf bei schwacher Hitze auflösen. 4 Esslöffel der Creme unter die Gelatine rühren. Dann die Gelatinemasse unter die restliche Creme rühren.

4. Die Creme auf den Bröselboden geben und glatt streichen. Mindestens 2 Stunden in den Kühlschrank stellen.

5. Für den Belag Weintrauben heiß abspülen, trocken tupfen, halbieren und entkernen. Die Weintraubenhälften auf der Creme in der Form verteilen.

6. Für den Guss aus Tortengusspulver, Zucker und Apfelsaft nach Packungsanleitung einen Guss zubereiten und auf den Trauben verteilen. Die Form in den Kühlschrank stellen. Den Guss fest werden lassen.

7. Den Kuchen mithilfe des Backpapiers aus der Form heben. Das Backpapier entfernen, den Kuchen auf eine Servierplatte setzen und in Scheiben schneiden.

Tipp: Anstelle von Weintrauben können Sie auch Erdbeeren, Himbeeren oder Brombeeren verwenden.

Wolken-Streusel-Käsekuchen

Für Kinder – schnell

Insgesamt:
E: 277 g, F: 321 g, Kh: 569 g, kJ: 26979, kcal: 6441

Für die Quarkmasse:
1,5 kg Magerquark
250 g Mascarpone (ital. Frischkäse)
250 g Schlagsahne
250 g Zucker
1 Pck. Dr. Oetker Finesse Geriebene Zitronenschale
2 Pck. Dr. Oetker Pudding-Pulver Vanille-Geschmack
7 Eier (Größe M)

Für die Streuselwolken:
150 g Weizenmehl
10 g Kakaopulver
75 g Zucker
1 Pck. Dr. Oetker Vanillin-Zucker
100 g Butter

Zubereitungszeit: 15 Minuten, ohne Abkühlzeit
Backzeit: etwa 60 Minuten

1. Den Backofen vorheizen.
Ober-/Unterhitze: etwa 160 °C
Heißluft: etwa 140 °C

2. Für die Quarkmasse alle Zutaten in eine große Rührschüssel geben und mit Handrührgerät mit Rührbesen gut verrühren.

3. Einen Backrahmen in der Größe des Backblechs auf das Backblech (30 x 40 cm, gefettet) stellen. Die Quarkmasse hineingeben und glatt streichen.

4. Für die Streusel die Zutaten in eine Rührschüssel geben und mit Handrührgerät mit Rührbesen zunächst kurz auf niedrigster, dann auf mittlerer Stufe zu dickeren Streuseln verarbeiten.

5. Jeweils 1 Esslöffel von den Streuseln wolkenartig zusammendrücken und die Streuselwolken auf der Quarkmasse verteilen. Das Backblech im unteren Drittel in den vorgeheizten Backofen schieben. Den Kuchen **etwa 60 Minuten backen.**

6. Den Kuchen noch etwa 20 Minuten im ausgeschalteten Backofen, bei leicht geöffneter Backofentür stehen lassen. Dann das Backblech auf einen Kuchenrost stellen und den Kuchen erkalten lassen.

Zitronen-Klecksel-Kuchen

Schnell – einfach

Insgesamt:
E: 142 g, F: 343 g, Kh: 481 g, kJ: 23669, kcal: 5660

Für den All-in-Teig:
200 g Weizenmehl
1 gestr. TL Dr. Oetker Backin
100 g Zucker
1 Prise Salz
250 g weiche Butter oder Margarine
2 Eier (Größe M)
100 g Vollmilch-Raspelschokolade
1 EL Wasser

Für die Füllung:
1 Bio-Zitrone (unbehandelt, ungewachst)
1 Zitrone
500 g Sahne-Pudding Bourbon-Vanille (aus dem Kühlregal)
500 g Speisequark (20 % Fett i. Tr.)
70 g Zucker
3 Eier (Größe M)
30 g Hartweizengrieß

Zum Bestäuben:
etwas Puderzucker

Zubereitungszeit: 20 Minuten, ohne Abkühlzeit
Backzeit: etwa 38 Minuten

1. Den Backofen vorheizen.
Ober-/Unterhitze: etwa 200 °C
Heißluft: etwa 180 °C

2. Für den Teig Mehl mit Backpulver in einer Rührschüssel mischen. Restliche Zutaten außer Schokolade und Wasser hinzufügen und alles mit Handrührgerät mit Rührbesen erst kurz auf niedrigster, dann auf höchster Stufe in etwa 2 Minuten zu einem glatten Teig verarbeiten. Die Schokolade unterrühren.

3. Für die Klecksel ein Drittel des Teiges abnehmen, mit dem Wasser verrühren und beiseitestellen. Restlichen Teig gleichmäßig in einem tiefen Backblech oder in einer Fettpfanne (30 x 40 cm, gefettet) verstreichen. Das Backblech in den vorgeheizten Backofen schieben. Den Boden **etwa 8 Minuten vorbacken.**

4. Für die Füllung die Bio-Zitrone heiß abwaschen, trocken tupfen und die Schale abreiben. Beide Zitronen halbieren und auspressen. Zitronenschale und 5 Esslöffel Zitronensaft mit den restlichen Zutaten zu einer glatten Masse verrühren und auf dem heißen, vorgebackenen Boden verteilen.

5. Den Teig für die Klecksel in einen Spritzbeutel mit großer Lochtülle füllen und Kleckse auf der Füllung verteilen.

6. Das Backblech wieder in den Backofen schieben. Den Kuchen **bei gleicher Backofeneinstellung in etwa 30 Minuten fertig backen.**

7. Das Backblech auf einen Kuchenrost stellen. Den Kuchen darauf erkalten lassen und anschließend mit etwas Puderzucker bestäuben.

Zwetschenkuchen mit Quarkguss Für Gäste

Insgesamt:
E: 151 g, F: 167 g, Kh: 756 g, kJ: 22328, kcal: 5344

Für den Hefeteig:
50 g Butter oder Margarine
375 g Weizenmehl
1 Pck. Dr. Oetker Trockenbackhefe
50 g Zucker
1 Pck. Dr. Oetker Vanillin-Zucker
1 Prise Salz
1 Ei (Größe M)
200 ml lauwarme Milch

Für den Belag:
2,5 kg Zwetschen oder Pflaumen

Für den Quarkguss:
100 g weiche Butter
150 g Zucker
2 Eier (Größe M)
500 g Magerquark
1 Pck. Dr. Oetker Pudding-Pulver Vanille- oder Sahne-Geschmack
125 ml (1/8 l) Milch

Zum Bestreuen:
etwas Hagelzucker oder Zimtzucker

Zubereitungszeit: 60 Minuten, ohne Teiggehzeit
Backzeit: etwa 30 Minuten

1. Für den Teig Butter oder Margarine zerlassen. Mehl in eine Rührschüssel geben und mit Trockenbackhefe sorgfältig vermischen. Zucker, Vanillin-Zucker, Salz, Ei, Milch und die abgekühlte Butter oder Margarine hinzufügen. Die Zutaten mit Handrührgerät mit Knethaken zunächst auf niedrigster, dann auf höchster Stufe in etwa 5 Minuten zu einem glatten Teig verarbeiten. Den Teig zugedeckt so lange an einem warmen Ort stehen lassen, bis er sich sichtbar vergrößert hat.

2. Für den Belag die Zwetschen oder Pflaumen waschen, gut abtropfen lassen, trocken tupfen, halbieren, entsteinen und einschneiden.

3. Den gegangenen Teig leicht mit Mehl bestäuben, auf der leicht bemehlten Arbeitsfläche nochmals kurz durchkneten. Auf einem Backblech (30 x 40 cm, gefettet, mit Backpapier belegt) ausrollen. Die Früchte dachziegelartig mit der Innenseite nach oben auf den Teig legen. Den Backofen vorheizen.
Ober-/Unterhitze: etwa 200 °C
Heißluft: etwa 180 °C

4. Für den Quarkguss die Butter mit Handrührgerät mit Rührbesen geschmeidig rühren. Nach und nach Zucker, Eier und Quark unterrühren. Pudding-Pulver mit der Milch anrühren und unter die Quarkmasse rühren. Dann den Guss über den Früchten verteilen. Den Teig nochmals so lange an einem warmen Ort gehen lassen, bis er sich sichtbar vergrößert hat. Das Backblech in den vorgeheizten Backofen schieben. Den Kuchen **etwa 30 Minuten backen.**

5. Das Backblech auf einen Kuchenrost stellen. Den Kuchen sofort nach dem Backen mit Hagelzucker oder Zimtzucker bestreuen. Kuchen erkalten lassen.

Tipp: Den Kuchen schmeckt frisch am besten.

Register

Für Gäste

Mit Alkohol

Fruchtig

Für Kinder

Schnell & einfach

Ohne zu backen

Für Fragen, Vorschläge oder Anregungen stehen Ihnen der Verbraucherservice der Dr. Oetker Versuchsküche Telefon: 00800 71 72 73 74 Mo.–Fr. 8:00–18:00 Uhr, Sa. 9:00–15:00 Uhr (gebührenfrei in Deutschland) oder die Mitarbeiter des Dr. Oetker Verlages Telefon: +49 (0) 521 520651 Mo.-Fr. 9:00–15:00 Uhr zur Verfügung.

Oder schreiben Sie uns:
Dr. Oetker Verlag KG, Am Bach 11, 33602 Bielefeld oder besuchen Sie uns im Internet unter www.oetker-verlag.de oder www.oetker.de.

Umwelthinweis Dieses Buch und der Einband wurden auf chlorfrei gebleichtem Papier gedruckt. Die Einschrumpffolie – zum Schutz vor Verschmutzung – ist aus umweltfreundlichem und recyclingfähigem PE-Material.

Redaktion Carola Reich, Christina Langner

Innenfotos Walter Cimbal, Hamburg (S. 5, 10, 15, 19, 33, 44, 58, 77, 78, 84, 85, 96, 99, 105, 106, 109, 114, 117, 119, 120, 125, 133, 141)
Thomas Diercks, Kai Boxhammer, Christiane Krüger, Hamburg (S. 6–9, 12, 13, 16, 17, 22, 25–32, 34, 37–40, 42, 47, 50–53, 57, 61–66, 69–76, 79, 87–95, 100–103, 113, 115, 123, 128–130, 134, 137–140, 144, 148–152, 154)
Ulli Hartmann, Halle/Westf. (S. 41, 82, 153)
Bernd Lippert (S. 118)
Antje Plewinski, Berlin (S. 81, 121, 126, 127, 136, 143)
Hans-Joachim Schmidt, Hamburg (S. 110)
Axel Struwe, Bielefeld (S. 20, 23, 35, 45, 49, 54, 75, 122, 155)
Norbert Toelle, Bielefeld (S. 43)
Brigitte Wegner, Bielefeld (S. 14, 46, 67, 97, 108)
Bernd Wohlgemuth, Hamburg (S. 145)

Rezeptentwicklung- und beratung Christine Bergmayer – Die Zuckerbäckerin, Hamburg
Annette Elges, Bielefeld

Lektorat no:vum, Susanne Noll, Leinfelden-Echterdingen

Nährwertberechnungen Nutri Service, Hennef

Wir danken für die freundliche Unterstützung Nestlé Deutschland, Frankfurt/Main
Peter Kölln, Elmshorn

Grafisches Konzept und Gestaltung MDH Haselhorst, Bielefeld
Titelgestaltung kontur:design GmbH, Bielefeld
Satz MDH Haselhorst, Bielefeld
Druck und Bindung Mohn media Mohndruck GmbH, Gütersloh

ISBN: 978–3–7670–0726–0